妈妈的情绪，
影响孩子的未来

陈世越　　罗清军◎编著

中国纺织出版社有限公司

内 容 提 要

在孩子的成长过程中，妈妈对于孩子的影响是很大的，这是因为大多数妈妈都承担着家庭教育的重任，也更多地陪伴孩子。为了让孩子健康快乐地成长，妈妈应该控制好自身的情绪，尽量给予孩子积极的正能量，从而对孩子的人生起到推动的作用。

本书从心理学角度出发，阐述了妈妈的负面情绪给孩子带来的不利影响，也列举了亲子互动过程中妈妈无意间的很多行为给孩子带来的消极作用，从而告诉妈妈如何做才能控制好情绪，并给予孩子良好的教育和引导。

图书在版编目（CIP）数据

妈妈的情绪，影响孩子的未来／陈世越，罗清军编著. --北京：中国纺织出版社有限公司，2019.11
ISBN 978-7-5180-6348-2

Ⅰ.①妈… Ⅱ.①陈… ②罗… Ⅲ.①家庭教育
Ⅳ.①G78

中国版本图书馆CIP数据核字（2019）第126506号

责任编辑：李 杨　　责任校对：楼旭红　　责任印制：储志伟

中国纺织出版社有限公司出版发行
地址：北京市朝阳区百子湾东里A407号楼　邮政编码：100124
销售电话：010—67004422　传真：010—87155801
http://www.c-textilep.com
中国纺织出版社天猫旗舰店
官方微博http://weibo.com/2119887771
三河市宏盛印务有限公司印刷　各地新华书店经销
2019年11月第1版第1次印刷
开本：710×1000　1/16　印张：13
字数：153千字　定价：39.80元

作为妈妈，你可曾还记得在得知小生命开始孕育的那一刹那极度兴奋和欣喜的心情？作为妈妈，你可曾还记得在孕期吐得七荤八素又总是忍不住担心孩子缺胳膊少腿的焦虑？作为妈妈，你可曾还记得看着孩子被头痛脑热折磨时内心的不安和各种坏的结果一起涌上心头的恐惧紧张？作为妈妈，你可曾还记得牵着孩子的小手把孩子送入学校成为一年级小豆包的如释重负和满怀期冀……作为妈妈，你有太多的百感交集，你也曾无数次告诉自己"我只希望孩子……"然而，随着孩子不断地成长，作为妈妈，你却感到困惑，你既想给孩子和谐民主的家庭氛围，又想让孩子在诸多的同龄人之中脱颖而出，尤其是你还要应付接踵而至的各种竞争，作为孩子的领跑人，带着孩子一路去拼搏和奋斗：幼升小，小升初，中考，高考，考研……人生似乎就是在一场场考试，人人都是如此度过，我们也根本没有办法拒绝。

在日益繁重的家庭生活中，在越来越难的家庭教育中，曾经温柔似水、小鸟依人的女孩不见了，取而代之的是一个不折不扣的女超人，在抚育孩子成长的过程中，妈妈也从女神变成了地地道道的女汉子，从柔声细气变成河东狮吼。妈妈自己都觉得不好意思，也觉得有些愧对丈夫，毕竟人家当初迎娶的是一个娇妻，不是一个悍妻啊！然而，理想总是丰满的，现实却是骨感的，妈妈为了适应残酷的现实，也只好舍弃温柔娇俏。然而，既便如此，妈妈也不能忘却初心，更不要以持续的坏情绪给孩子的成长带来深深的伤害。

有人说，妈妈是孩子最好的老师，也是孩子的第一任老师，这句话非常有道理。新生命从呱呱坠地开始，就接受妈妈无微不至地照顾，接受妈妈的教育和引导，更受到妈妈潜移默化的影响。从这个角度而言，孩子又变成了妈妈的镜子，折射出妈妈在教育方面给孩子带来的深远影响。

妈妈的情绪，决定了孩子的未来。情绪稳定的妈妈，才能养育出性格平和的孩子；当妈妈情绪失控，常常陷入歇斯底里之中，孩子也会因此而走向性格的极端，在情不自禁的状态下与这个世界对抗。

不可否认的是，随着时代的发展，随着社会的进步，孩子的心思也变得复杂，他们要求得到妈妈的尊重和平等对待，他们希望参与家庭事务，成为真正的小主人，他们不愿意再被妈妈喝令而想要自己做主……孩子自我意识越来越强，使妈妈在管教和引导他们的过程中也面临更多的难题急需解决。在这种情况下，妈妈一定要与时俱进，只有改变自己的思想，促使自己进步，才能跟得上孩子成长的脚步，也才能在新的家庭教育观念的影响下，与孩子一起进步，共同成长。

毋庸置疑，每一位妈妈都非常爱自己的孩子，甚至可以为了孩子而付出自己的生命，但是未必每一位妈妈都知道如何以正确的方式更好地爱孩子。她们一边溺爱孩子，一边在情绪崩溃的时候如同怪兽一样对孩子面目狰狞；一边无条件支持孩子，一边又在无形之中给孩子的成长设置各种障碍；一边认可孩子，一边又以残酷的冷嘲热讽否定孩子、批评孩子，而置孩子的自尊于不顾，严重伤害孩子的心灵。不得不说，很多事情都是以矛盾对立的方式呈现出来的，如何平衡妈妈的爱与孩子的健康成长之间的关系，是每个妈妈急需解决的难题。

作为妈妈，不但要关注自身的情绪，也要更加关注孩子的心理健康和情绪状态。要记住，妈妈对于孩子的责任和义务，绝不只是为孩子提供吃喝拉撒、衣食住行的便利条件，而要更加积极主动地帮助孩子成长，给予孩子精神、情感等各个方面的全力支持和帮助。

好妈妈，要从拥有好情绪做起！

编者著

2019年1月

目录

第 1 章
妈妈的好情绪，孩子的好性格

有研究机构通过调查发现，如今大多数妈妈对孩子的主要教育方式之一就是吼叫。难道真的是因为孩子不听话，妈妈才会变得歇斯底里吗？与其说是孩子导致妈妈产生愤怒，不如说愤怒始终隐藏在妈妈心底，一旦遇到合适的诱因就会马上探头探脑，对身边的人发挥威力。常言道，有理不在声高，实际上妈妈教育孩子也是同样的道理。细心的妈妈会发现，随着妈妈吼叫的次数越来越多，孩子的脾气也会越来越坏，不得不说这是妈妈吼叫教育法的副作用之一。

你的吼叫，真的是因为孩子吗

　　不知道从何时起，有的妈妈不再是温柔贤惠的代名词，而成为吼叫的代名词。也许是因为她们都承担着照顾家庭、教育孩子的重任，所以河东狮吼的情况在很多家庭里都时常发生，妈妈也变成"母老虎"的同义词。在家庭生活中，妈妈为何总是像不定时炸弹一样，随时都有可能爆炸呢？不但孩子有这样的困惑，就连和妈妈经历甜蜜恋爱、感受过妈妈小鸟依人的爸爸，也有同样的困惑。的确，自从结婚生子之后，那个原本柔弱的女孩不见了，取而代之是一个形同超人的女汉子，是一个什么都能做的、骂人也拉得下脸的女金刚。实际上，妈妈的怒气并非完全来自孩子，因而很多妈妈说自己是因为孩子气人才吼叫，也是委屈孩子了。

　　在传统家庭中，遵循着男主外、女主内的原则，往往是爸爸负责在外面挣钱养家，而妈妈则负责留在家里相夫教子、照顾家庭。然而，随着时代的发展和进步，女人也能顶起半边天。渐渐地，女人不仅要承担家务，还要走上社会，承担起繁重的工作任务。为此，妈妈的生存压力陡然增大，每天在忙忙碌碌、拼尽全力工作之余，回到家里还要继续扮演超人的角色，从而继续与天斗，与地斗，与孩子斗。对于这样的现状，很多妈妈都没有准确的认知，她们始终觉得孩子是她们愤怒的导火索，也心安理得地让愤怒横亘在自己与孩子之间，导致亲子关系紧张，亲子感情疏远。

　　从心理学的角度来说，愤怒的妈妈实际上是陷入一个情绪怪圈，她们因为对孩子的错误行为而生气，又因为生气对孩子大吼大叫，这也间接导致孩子的行为更加异常，从而使得妈妈的情绪更加歇斯底里，完全失控。在这个怪圈中，妈妈与孩子都是受害者，哪怕是调皮捣蛋的孩子也是非常无辜的。因为孩子原本就处于活泼好动的年纪，根本无法长久保持安静，这也是孩子在成长过程中必然经历的阶段。

有很多妈妈，还会把自己在工作上面临的困境以及由此引起的糟糕情绪，发泄到孩子身上。很多妈妈都抱怨孩子不理解妈妈的爱，殊不知，妈妈也根本无法体会孩子对于妈妈完全的信任和依赖。可以说，这个世界上孩子最依赖的人就是妈妈。有的时候，哪怕被妈妈当成出气筒，孩子对妈妈依然不离不弃。在无缘无故遭到妈妈训斥之后，他们会一个人乖乖地躲到一边玩耍，而等到妈妈的愤怒烟消云散，他们马上不计前嫌，再次依偎在妈妈怀里，信任妈妈，与妈妈亲密无间。等到怒气消失，作为妈妈，不妨回想一下自己在愤怒时的表现，扪心自问：孩子做错什么了，被我这样的呵斥和迁怒？也许孩子什么都没有做错，或者即使真的犯了错误，也是本性使然，而不是他们故意为之。

很多妈妈都存在一个误区，即把生活中的所有事情分成两类，一类是可以与孩子共享的事情，一类是要把孩子排除在外、独自面对的事情。妈妈们不知道，孩子可从来不这么想，很多年幼的孩子浑然无我，甚至觉得自己与妈妈天生就是一体的。也可以说，妈妈对孩子是心怀隔阂的，孩子对妈妈却是亲密无间的。从这个角度进行分析，让妈妈愤怒的并不是孩子的行为本身，而是妈妈把自己的位置摆放得过高，总是居高临下地俯视孩子，这才用自己的所谓威严拷问孩子，或者把孩子拒之门外。事实上，不合时宜地对孩子发泄愤怒，对于解决问题根本没有任何好处，反而还会影响孩子的情绪，导致孩子变得郁郁寡欢。明智的妈妈会努力控制自己的情绪，不对最爱的孩子做这种损人不利己的事情。当愤怒来袭，哪怕孩子没有眼力见儿地上前打扰妈妈，表示对妈妈"多余"的关心，妈妈也要欣然接受，并且真心地感谢孩子。

凡事有因才有果，有始才有终。当陷入情绪的怪圈，妈妈一定不要随随便便就迁怒于孩子，更不要让自己陷入情绪怪圈无法自拔，而是要努力地找到愤怒的根源，从而有的放矢地从根本上解决问题。否则，就会无形中误伤孩子，等到后悔时，却已经为时晚矣。

爱自己的妈妈，才能爱好孩子

在中国的现状中，很多妈妈都把自己扮演成家庭里的牺牲者，她们为了支持丈夫发展事业，主动辞职在家照顾家庭，成为丈夫背后的伟大女人；她们为了提升孩子的学习，几乎每天24小时都在陪伴着孩子，哪怕孩子正在专心致志地写作业，她们也丝毫不感到厌烦地陪伴在身边，从而给予孩子更好的照顾……等到丈夫事业有成，等到孩子终于可以不用妈妈专职照顾，妈妈却从一个光鲜亮丽的职业女性，变成了蓬头垢面的家庭妇女。这个时候，妈妈从骄傲自豪，看到自己与这个社会的差距，因而变得怨声载道，整日只会唠叨不休地说自己为这个家付出了多少，为孩子付出了多少。不得不说，这是一个悲剧，因为妈妈前半生完全迷失自己的人生，在最好的青春年华都在为他人而活。在后半生里，如果妈妈能够幡然醒悟，及时改正自己的人生方向，努力提升和完善自己，让自己再次成为出得厅堂、入得厨房的优秀女性，人生的轨迹也许还可以改变。但是如果妈妈此后一直生活在抱怨之中，则只会导致人生没落，再也没有崛起的可能。

网络上有一篇文章很扎心，大概意思是说5岁的孩子对妈妈说"妈妈，我的同学都说你很丑"。看起来，是孩子在嫌弃妈妈，实际上却告诉我们，再小的孩子也是有审美观的。作为妈妈，应该成为孩子的骄傲，不仅内心美丽，外表也要高雅，这样才能得到孩子的认可，成为孩子心目中无法取代的偶像。接下来，我们必须说起那个老生常谈的话题：女人要爱自己。作为一个女人，也作为一个妈妈，唯有爱自己，才能爱好孩子。否则，哪怕把家庭照顾得再好，自己出门见人的时候却总是蓬头垢面，就不算是成功的。

还有些妈妈会把自己在孩子面前塑造成很惨的样子，觉得自己这辈子没混好，就要把所有的希望都寄托在孩子身上。"你可要好好学习，否则长大了就会和妈妈一样，没有好工作，再嫁给你爸爸这样一个窝囊废，一辈子都完了。"这样的话，是不是似曾耳熟，原本妈妈是想通过这样的话激励孩子不断地努力上进，也让孩子的人生充满进取性，殊不知，却导致孩子无形中把爸爸妈妈都看低了。每个人都需要一个偶像，这个偶像是他们人生的标杆。孩子也是如此，在没有走入社会结识更多的人之前，孩子以父母作为人生的标杆。可想而知，当妈妈这么评价自己和爸爸的时候，对于孩子的负面影响有多严重。这样的妈妈，就像一个负能量团，会导致孩子对人生失去希望。

一个真正优秀的妈妈，未必要有很高的学历，未必要有傲人的颜值，也未必要有体面的工作，相反，她们有可能生活在社会最底层，有可能经常过着为钱着急的生活，但是她们依然淡定从容，依然保持着做人的尊严和做女人的优雅。也许有些妈妈会说：没有钱，怎么优雅？其实，真正的优雅从容和金钱还真是没有必然的联系。例如，有钱的女人买花店里动辄几百块的鲜花回家插花，没有钱的女人可以走在路边采摘一些野花，回到家里插在喝水的玻璃杯中，也是别样的风景；有钱的女人买昂贵的名牌时装，没有钱的女人买不起名牌时装，却可以把自己打扮得干净利索，即使穿着朴素的衣服，也不染尘埃……从本质上而言，高雅从容，爱自己，是一种生活的态度，而不代表生活的层次。当妈妈怀着一颗从容淡泊的心，就不会动辄对孩子大喊大叫，就不会总是疲惫地对待自己和孩子。爱自己，是人生的必备姿态，一个人如果不爱自己，就会对自己心生厌倦，也会使自己成为教育孩子的反面教材。

妈妈们还要注意，孩子总是与妈妈非常亲昵，无形中就把妈妈作为自己的榜样，言行举止都向妈妈学习。所以妈妈对自己的爱，也会感染孩子，让孩子拥有积极的人生态度。好妈妈到底要如何爱自己呢？首先，爱自己的妈妈会正确看待自己，既不会妄自菲薄，也不会妄自尊大。其次，爱自己的妈妈舍得在自己身上投资，而不会自己蓬头垢面，却奢望培养出一个美丽大方的女儿。对自己的投资不仅仅在于美丽的时装，也在于能够以知识充实自己的心灵，以坚毅支撑起人生的脊梁。再次，爱自己的妈妈时刻保持好心情，她们知道人生苦短，也知道人生之中有太多的不如意，但是她们不慌张，坚持进步，她们的努力也必将给孩子带来更强劲的人生动力。有好心情的妈妈具有敏锐的生活观察力和细致入微的情绪感知力，会耐心地与孩子互动，呵护孩子的心灵。

总而言之，爱自己的妈妈，才能爱好孩子。心中有爱的妈妈眼睛里有光，心底有力量。因为爱自己，她们还心怀感激，渐渐地，以柔软浸润自己的心灵，让自己远离吼叫，给予孩子充满尊重的真挚之爱。

金无足赤，人无完人

这个世界上有很多种职业，在正式到达一个新岗位之前，职场人士总是会进行一定的学习，或者接受简短的培训，唯独父母这个职业，对于所有人而言都是一份崭新的职业，既没有上岗前的学习和培训，也没有任何人可以给予我们有效的指导。哪怕是二胎家庭的父母，已经有抚养和教育第一个孩子的经历，当第二个孩子到来的时候，他们依然会茫无头绪，这是因为第二个孩子和第一个孩子相比，是截然不同的生命个体，对于他们的家庭教育而言也是崭新的对象。

每一位妈妈，都在孩子呱呱坠地开始才正式升级成为妈妈。当真正把那个柔软的小生命抱在怀里之时，她们才明白此前学习的育儿知识全面崩溃：原来，真实的小生命和想象中的小生命如此截然不同；原来，我需要学习的东西还有那么多那么多；原来，在这个完美的小生命面前我是这么的不完美……的确，在这个世界上，没有任何人是完美的，每个妈妈唯有接纳自己的不完美，才能真正在人生的道路上获得进步，也才能真正接纳那个日渐显出不完美的小生命。

众所周知，金无足赤，人无完人。然而，这个道理尽管人人都明白，但是真正能接受不完美现实的人，却少之又少。尤其是在现实生活中，太多的人只关注他人的不完美，从未想过自己也是不完美的，更没有质问自己：不完美的我，有什么资格去强求别人一定要完美？因为大多数家庭里都由妈妈承担照顾孩子的重任，所以妈妈往往对孩子更加敏感，也能够及时觉察孩子的不完美。在每个新生命呱呱坠地的时候，妈妈往往对新生命赋予很多的期望，也希望新生命能给自己的人生带来奇迹。然而，随着新生命不断成长，妈妈渐渐发现新生命并不像她们想象中那么完美，也就对新生命感到失望，甚至走入吹毛求疵的误区。不得不说，这是大多数妈妈的弊病，也很容易把妈妈在教养孩子的道路上带入误区。

暑假过后，小宇从二年级升入三年级。大家都知道，孩子们在一、二年级的低年级阶段，学习的都是基础知识，因而孩子与孩子之间只有很小的差距，往往是全班孩子都考90多分、100分。然而，三年级是小学阶段的分水岭，数学学习在三年级拔高难度，语文学习从三年级开始也有作文了，为此，孩子的学习成绩会突然之间拉开差距。

三年级第一次月考，妈妈就受到严重打击，因为一、二年级总能考90多分的小宇，现在只考了80多分，成为班级里的倒数几名。妈妈想不明白：为何一、二年级都学习很好，到了三年级下滑这么严重呢？妈妈不知道从孩子身上下功夫查找原因，而是抱怨老师水平不行。为此，妈妈在校外给小宇找了老师补课。然而，补课的老师换了好几个，小宇的成绩还是没有明显进步。最后一个补课老师提醒妈妈："小宇妈妈，我觉得孩子不是没有学习能力，而是心思不在学习上，常常三心二意，也很抵触学习。我建议您带他看一看家庭咨询，帮助他认识到学习的重要性，也看看能否从家庭环境方面为他的学习提供便利。"妈妈不以为然："你们这些老师水平都不行，怎么还把原因找到我们家庭上了呢？"妈妈当机立断辞退这个老师，又开始四处给小宇寻找合适的家庭老师了。

看完这个事例，相信很多人都会被这个妈妈的"护短"行为惊讶到。先别惊讶，因为认真仔细地回想一下，反思自己，你会发现自己也有可能出现过这样惊人的护短行为。实际上，这不是因为妈妈品质有问题，故意推卸责任，找老师的错误，而是因为妈妈的判断出乎本能。在这个世界上，没有任何妈妈愿意承认自己的孩子不够优秀，在她们心目中，孩子是完美无瑕、出类拔萃的，是不可替代的。正因为如此，她们才会对孩子怀有不切实际的期望，也才会总是维护自己的孩子。

妈妈的梦总有一天会醒。她们会意识到孩子并不像她们想象中那么优秀和完美，也会接受孩子不够完美的现实。她们也许会因此郁闷，觉得自己的孩子太low了。实际上，金无足赤，人无完人，妈妈本身就是不完美的，又如何能够拥有完美的孩子呢？换言之，这个世界上的每个人都是不完美的，都是有瑕疵地存在。妈妈要端正想法，意识到自己并不是因为孩子优秀才充满信心，而是因为自己本身就很优秀，就满怀信心，所以才能养育出健康、积极、阳光的孩子。

孩子尽管因着父母来到这个世界上，从一出生就接受父母无微不至的照顾，但是孩子并非父母的附属品，更不是妈妈用来炫耀自己多么有成就的资本。孩子就是孩子，是一个完全独立于世的生命个体，是一个有梦想有理想的人。作为妈妈，既要接受自己的不完美，也要接受孩子的不完美。首先，妈妈要尊重孩子。不要总是把自家孩子拿来和其他孩子比较，否则就会在心态失衡之中对孩子越来越不满意，也会伤害孩子脆弱的自尊心。其次，妈妈要淡定。在这个全民陷入教育焦虑的时代，拥有一个心态平和的妈妈，是孩子最大的福气。很多妈妈一旦听到老师说什么，或者听到其他父母说什么，马上就会歇斯底里地对孩子提出过高的要求，导致家里鸡飞狗跳，亲子关系也濒临破裂的边缘。妈妈要知道，每个孩子都既有优点，也有缺点，而不可能是十全十美的全能手。当妈妈想要苛求孩子出类拔萃的时候，不妨扪心自问：作为妈妈，我是所有妈妈之中最优秀的吗？如果不是，那就对孩子的成长和人生淡定一些。最后，真正优秀的妈妈，不是把自己的梦想强加给孩子的妈妈，而是能够努力实现自己的梦想，也能够最大限度地尊重孩子梦想的妈妈。对于每个人而言，都要活在当下，都要努力把握自己的人生，妈妈也不能因为有了孩子就把一切希望和压力都转嫁给孩子，因为孩子不是妈妈人生的继承者，而是自己人生的主宰者。当妈妈在生活中披荆斩棘、乘风破浪向前时，孩子会受到妈妈的影响，无形中也增强自己的力量，模仿妈妈的样子对待生活的困厄和不如意。需要注意的是，妈妈不要在孩子面前刻意表现出完美无瑕的样子，因为这样的妈妈似乎是不真实的，会误导孩子。妈妈要在孩子面前展示真实的自己，让孩子意识到每个人都会犯错，每个人都有缺点和不足，每个人都要在艰难的生活困境中笑着面对每一天，从而真正收获充实精彩的人生。

好妈妈不会给孩子营造完美的假象，而是告诉孩子尽管一切都不完美，也不能尽如人意，但是我们依然要非常努力地积极面对生活，因为唯有坚持努力，才能无限接近自己的梦想，才能真正实现自己的璀璨人生。

别催促，让孩子慢慢成长

在很多家庭教育中，都出现过一种非常奇怪和矛盾的现象，即在孩子还小、能力不足的时候，父母总是为了保护孩子，或者为了避免孩子给自己添额外的麻烦，而对孩子各种制止，坚决不允许孩子尝试他们不会做的事情。而等到孩子长大一些，父母又要求孩子必须马上成为全能手，对于学习和生活中的各种事情都必须熟练地、得心应手地做出来。假如孩子不能达到父母的要求，父母就会对他们非常严厉，甚至不惜冷嘲热讽。在这样的矛盾和极端之中，孩子困惑了：明明是我想学习的时候，你们不让我去做，为何现在又强制要求我必须什么都会呢？我就算现学，也需要一定的时间吧。没错，孩子的困惑完全是正常的，作为局外人的我们如果旁观了整个过程，同样会感到很困惑：作为父母，不给孩子锻炼和成长的机会，凭什么要求孩子把每件事情都做得又快又好呢？

孩子的成长是一个缓慢的过程，每一个父母望子成龙、望女成凤固然是人之常情，但是却常常因为急功近利，导致一切期望和希冀都变了味道。这个世界上，所谓的天才和神童原本就是凤毛麟角，就算真的是天才和神童，也要经过学习的过程，才能掌握更多的技能，学会做更多的事情。否则，只靠着听一听、看一看，他们是不可能实现梦想的。有的时候，父母对孩子急功近利的心，导致他们失去理性，冲动地对孩子做出揠苗助长的行为。殊不知，孩子有自己内心的节奏，也要遵循成长的规律，这期间的很多过程是根本不可能省略的。作为父母，要给孩子更多的时间去成长，并且不要阻止孩子去尝试和探索，否则就会切断孩子学习的途径。

新生儿从呱呱坠地到学会说话和走路，其间需要经过一年多的时间。在这一年多的时间里，他们不停地听身边的人说话，也模仿发声，有意识或者无意识地进行着练习。至于走路，对孩子们而言难度更大，很多孩子在一岁前后学习走路的时候，摔了一跤又一跤。但是他们非常有耐心，总是爬起来继续走，或者感到疼了，就坐在地上哭一会儿，再爬起来继续走。正如一首歌里唱的那样，没有人能随随便便成功。我们也要说，没有人能一蹴而就长大。每个人的成长都经历了漫长的过程，每个人掌握某一项技能，都是要通过反复练习才能实现的。遗憾的是，很多妈妈都忽略了孩子的成长需要时间，都因为各种各样的原因而拒绝给孩子提供反复练习的机会，却又在有朝一日强求孩子必须什么都会，什么都做得很好。不得不说，这真的是强人所难。

教育是一个漫长的过程，要有连贯性。很多时候，妈妈要未雨绸缪，在孩子很小的时候就开始锻炼孩子某个方面的能力，这样孩子才会循序渐进地长大，等到需要用到某项技能的时候，惊喜地发现自己已经熟能生巧了。在教育孩子方面，妈妈们何尝不是在下一盘棋呢！如果说下棋需要走一步看三步，那么妈妈在筹谋孩子人生的这盘棋时，甚至要走一步看十步。所以有人说，妈妈决定孩子的一生，也决定一个家族的兴衰，也许会有人觉得这夸大了女性的作用，实际上，这句话不无道理。记得在江苏卫视《非诚勿扰》栏目上，一个男嘉宾在描述自己理想的结婚对象时说，希望对方是一个有智慧的、聪明的女性，因为这样的女性能够振兴整个家族。自古以来，女性在社会生活中的地位和作用就不容小觑。从这个意义上看，这位男嘉宾也是很有远见的，在寻找人生伴侣的时候绝不仅仅局限在容貌美丽方面。

3岁半的晨晨在暑假后正式入园，然而，才开学几天，老师就给妈妈反馈了很多晨晨的不良表现：晨晨不会自己穿衣服，不会自己吃饭，也不能和小朋友友好地玩耍。看着晨晨每天放学后都饿得火急火燎的样子，妈妈也向老师反映，老师却反问妈妈："孩子在家里会自己吃饭吗？"妈妈无语，说："他还小，所以爷爷奶奶一直给他喂饭。"老师无奈地说："难怪呢，其他孩子吃饭，有的孩子吃得又快又好，有的孩子虽然吃得慢，等一等也还是能吃完的，唯独你家孩子，必须老师喂饭。您也知道，幼儿园里孩子多，我们就三个老师，不可能给每个孩子喂饭，所以孩子不会吃饭，的确是很麻烦。您从现在开始就要有意识地训练孩子自己吃饭，这样孩子才能渐渐地学会吃饭。也要教孩子穿衣服，不然中午午休后，孩子一醒来，老师穿衣服不那么及时，孩子要等，也会着凉。"听了老师的话，妈妈很为难："孩子吃饭总是撒得到处都是，穿衣服也很慢，所以我们才会帮孩子。"老师说："但是您也要想一想，假如你们一直因为孩子做得不好而给孩子代劳，孩子怎么可能学会呢？"妈妈认为老师说得很有道理，她陷入了沉思。

很多父母都和晨晨的爸爸妈妈一样，因为觉得孩子还小，凡事都做不好，所以总是为孩子代劳。殊不知，孩子的学习和成长是循序渐进的过程，如果父母因为着急就凡事亲力亲为，代替孩子去做，则孩子根本没有机会学习。父母一定要记住，孩子也许现在还做不好，但是只要给孩子时间去成长，给孩子更多的机会去练习，孩子总能长大，也总能在人生的道路上走向更加美好的未来。

如今，有太多的父母对于孩子的成长急功近利，却不知道孩子的成长是一个缓慢的过程，是需要父母用心去浇灌，也是需要父母耐心等待的。当没有到达合适的时间点，即使孩子每天都在家坚持点点滴滴的进步，也不会一蹴而就获得成功。正如人们常说的，量变引起质变，孩子的成长同样需要不断地积累与坚持不懈。

作为父母，一定要欣赏孩子、信任孩子，给予孩子更多的机会去锻炼，孩子才能不断地成长，也才能最终获得更好的收获。尤其是在做很多事情的时候，孩子总是从不会到会，慢慢地，掌握了许多技能。如果父母总是对孩子亦步亦趋，过度地照顾和催促，则孩子一定会感到迷惘。给孩子时间，让孩子循序渐进地去学习，展开实际行动去做，孩子必将获得成长，也会给父母莫大的惊喜。

与其对孩子不断地催促，不如欣赏孩子、信任孩子，带着孩子多看看多走走，也给予孩子更大的成长空间。当孩子犯错误的时候，父母不要责备孩子，而是要给予孩子机会改正错误，修正人生的轨迹。错误是进步的阶梯，失败是成功之母，每个人在成长的过程中，在人生的道路上，都要经历坎坷和挫折，才能持续进步，最终走向成熟。

设身处地，平复孩子情绪

面对孩子的情绪问题，很多父母也会马上发生连锁反应，和孩子一起陷入情绪的怪圈，无法正确地引导孩子。其实，这是完全错误的，因为当父母情绪波动，他们就无法以平静的态度面对孩子，也就无法与孩子之间进行积极的交流和沟通。每当这时，父母如果歇斯底里，就会导致孩子的情绪更加失控。那么，父母要如何做，才能平复孩子的情绪呢？

最重要的在于，父母要设身处地为孩子着想，接纳孩子的情绪。细心的妈妈会发现，当孩子产生情绪问题时，如果妈妈能够接受孩子的情绪，则孩子的情绪很快就能恢复平静。如果妈妈不能接受孩子的情绪，甚至以带有负面作用的言辞刺激孩子，则孩子的情绪就会不断酝酿和发酵，更加波动。因此作为父母，一定要设身处地为孩子着想，一定要积极地平复孩子的情绪，从而才能与孩子进行友好的沟通，也给予孩子更加快乐的成长家庭氛围。

从心理学的角度而言，接纳他人并不简单容易，即使父母对孩子，也必须先做好心理准备工作，才能让自己的价值最大化，也才能努力地倾听孩子，用心地洞察孩子内心，真正打开孩子的心扉。所谓接纳孩子的情绪，并不是有选择性地面对孩子的情绪，而是要全盘纳入对方的所有情绪和感受，与此同时，又要尽量避免自己被对方的情绪和感受所影响。置身于其中，了解孩子的情绪感受，而又跳脱出来，给予孩子的情绪感受以更好的建议和指导，这才是妈妈应该做到的。

很多妈妈对于教养孩子存在误区，觉得只需要满足孩子的基本生理需求即可，殊不知，孩子的成长过程中，吃喝拉撒、衣食住行尽管很重要，却不是全部的需求。对于逐渐长大的孩子而言，心理健康、情绪问题都是需要及时疏通的。遗憾的是，很多人都习惯于站在主观的角度上看待他人，总是以自己的思想去揣度他人，总是用自己的价值观念等评价和要求他人。这样的做法是错误的，也是人际交往的误区所在，作为妈妈，在与孩子相处的过程中，更要避免这种情况的发生。否则，妈妈与孩子的沟通和交往就会出现障碍，也会使得孩子的情绪面临更大的波动。

暑假，妈妈带着晨晨去农村奶奶家里玩。到了奶奶家里，晨晨很高兴，忙着和邻居小朋友爬高下低，玩得不亦乐乎。正当玩得高兴时，晨晨突然紧张地跑过来，对妈妈说："妈妈，那里有个大虫子，看起来非常可怕。"妈妈不以为然地对晨晨说："晨晨，你真是个胆小鬼，只是个虫子而已，有什么可怕的。在农村，这种东西多得是。"晨晨突然委屈地哭起来，喊道："就是很可怕，就是很可怕！"

妈妈被晨晨哭得莫名其妙，这时，在一旁的爸爸看出端倪，说："晨晨，大虫子的确很可怕，你能带爸爸去看看吗？"晨晨一边哭一边点点头。看到虫子，爸爸假装做出害怕的样子，对晨晨说："晨晨，你说得很对，这个虫子真的很可怕啊！这样吧，爸爸勇敢一些，把这个虫子踩死，好不好？你愿意和爸爸一起吗？"在爸爸的鼓励下，晨晨鼓起勇气，在爸爸踩了虫子一脚之后，他也狠狠地踩了虫子一脚，口中还念念有词："可恶的虫子，太可恶了。"就这样，晨晨破涕为笑，又和小朋友们一起去玩了。

妈妈莫名其妙地问爸爸："晨晨刚才怎么了？为何突然哭啦！"爸爸嗔怪道："你啊，真是个粗心的妈妈。孩子说害怕，你非说孩子的不是，难道你小时候看到虫子不害怕吗？你要接纳他的情绪，肯定他的恐惧，这样才能帮助他战胜恐惧啊。"妈妈当即夸赞爸爸："哎呀，真是士别三日当刮目相看啊！你怎么这么懂孩子了？"爸爸得意地笑笑："孩子越来越大了，我当然要学习啦！"

在这个事例中，晨晨之所以哭，是因为妈妈没有认可和接纳他的情绪。妈妈只顾着站在自己的角度上考虑问题，觉得虫子不足挂齿，却不知道对于年幼的孩子而言，虫子就是非常可怕的。原本，晨晨就因为发现虫子受到惊吓，现在又被妈妈否定情绪，所以他才会非常懊恼，甚至委屈地哭起来。爸爸首先接纳晨晨的情绪，接着又带领晨晨一起把虫子踩死，帮助晨晨战胜了内心的恐惧，使得晨晨的情绪得以缓解。

在家庭教育中，妈妈与孩子相处更多，一定要了解孩子的情绪，帮助孩子更好地舒缓情绪。父母不要先入为主，从自身的角度去看孩子面对的困境和难题，而要从孩子的思维和视角出发，这样才能及时接纳和深入了解孩子的情绪。此外，当孩子陷入情绪波动之中，父母还要积极地对孩子表达爱，给予孩子安全感，这样孩子才能更加坚持不懈地勇往直前。

第2章

别以爱的名义，带给孩子伤害

吼叫孩子，打着爱的旗号试图控制和操纵孩子，等到冷静下来，妈妈一定会感到非常懊悔，因为妈妈所做的一切真的是出自爱孩子的本心，却伤害了孩子。然而，爱有很多种表达方式，也往往会产生不同的效果。好妈妈会理性地爱孩子，认真对待孩子，而绝不是以爱为名，给孩子带来深深的伤害。

别以为孩子好的名义发脾气

"我都是为了你好"，这已经成为很多父母的口头禅，他们几乎不假思索、张口就来，对孩子说出这样的话，或者类似的话。然而，爱一个人应该怎么做？是包容、理解和宽宥，是尊重、善待和平和。当妈妈为了孩子一点小小的错误就歇斯底里，甚至失去理性地苛刻惩罚孩子，不得不说，这样的爱是对孩子最大的伤害。

真正爱孩子的妈妈，不会只顾着满足孩子的吃喝拉撒等基本生理需求，而是要对孩子的精神和情绪情感都有所感知。尤其是在与孩子相处的过程中，很多妈妈都因为孩子的各种行为表现而抓狂，却不知道妈妈的情绪对孩子有很大的影响，当妈妈以为了孩子好为名义对孩子大发脾气的时候，反而会对孩子的成长起到相反的作用力。从这个角度而言，尽管很多妈妈都觉得自己吼是为了孩子好，但是她们不知道，这实际上只是她们给自己找的借口。

"为了孩子好"这个借口非常拙劣，因为对孩子好绝不仅仅只有对孩子大发雷霆这一种方式，也可以对孩子温柔地绽放笑脸，也可以给孩子耐心细致的呵护和引导，还可以对孩子和风细雨，而无须电闪雷鸣。爱有很多种表达方式，并非只有一种对孩子大吼大叫的方式。妈妈之所以总是对孩子发脾气，只有一个原因，那就是妈妈无法控制住自己冲动的情绪，所以才会让自己歇斯底里。还有些妈妈对于孩子缺乏耐心，不够细致，总是强求孩子，却忘记了孩子的成长是循序渐进的漫长过程，是需要父母更加耐心引导和用心陪伴的。因而妈妈们不要再以为了孩子好为借口对孩子颐指气使、厌烦焦虑，而要用心对待孩子，真心爱护孩子，全心陪伴孩子。

6岁的西西上小学一年级，已经开始认识拼音和一些简单的字。有一天晚上，西西早早洗漱上床，准备休息。临睡之前，她想让妈妈为自己讲个故事。不想，妈妈却怒怼西西："你都多大了，还让妈妈讲故事。妈妈容易吗？下班回来要买菜洗衣服做饭，好不容易把你伺候到睡觉，能不能给我一点时间坐下来休息一会儿呢？真是烦死了，你就不能自己睡觉吗？"在妈妈的一番抢白之下，西西委屈地流下泪水。妈妈看到西西委屈的样子更心烦了："你还委屈，我比你更委屈。看看楼下的娜娜，人家就比你大半岁，每天自己穿衣服、吃饭、洗漱，从来不需要爸爸妈妈陪。赶紧睡觉吧，都是小学生了，还这么唧唧歪歪的，哪天才能长大啊！我都是为了你好，必须锻炼你的独立能力，你才能长大。"

西西含着眼泪睡了。

在这个事例中，妈妈的想法和对待西西的方式，显而易见都是错误的。妈妈不知道，给孩子讲故事，陪伴孩子，不是额外对孩子付出，而是妈妈原本就应该去做的。每个孩子在成长的过程中都会非常依赖父母，也渴望得到父母更多的陪伴。当然，父母的生存压力也是很大的，因为他们不但要做好工作，还要兼顾家庭，还要照顾好孩子。即便如此，妈妈在孩子面前也要调整好情绪，在照顾孩子的吃喝拉撒、衣食住行等生理需求之后，也要尽量满足孩子的感情需求。换个角度来想，在孩子临睡觉之前给孩子讲故事，是难得的亲子时光，也是增进母子感情的最好时候。因而妈妈不要因为自己的忙碌，就对孩子过度疏离，更不要以为了孩子好为理由，总是苛刻要求孩子。

妈妈的吼叫就像是孩子的噩梦，总是带给孩子很多的负面情绪。爱吼叫的妈妈总是非常焦虑的，她们在紧张忙碌的生活中无法控制自己的情绪，也总是以为了孩子好安慰自己愧疚的心。作为妈妈，不妨静下心来认真地想一想：我们为了孩子好所做出的举动，真的会对孩子产生好的作用和影响力吗？作为妈妈，我们是否真的知道孩子需要什么呢？真正为了孩子好的妈妈，不会选择过激的举动对待孩子，更不会把自己歇斯底里的情绪发泄到孩子身上。只有保持平静的情绪对待孩子，才是真正对孩子好，也才能真正对孩子的成长起到积极有效的引导作用。

爱孩子，不是伤害孩子的借口

在不知不觉之间，很多父母都在以爱孩子的名义去伤害孩子，而他们却浑然不知。他们总是抱怨孩子不理解父母的爱，不知道父母爱得深沉，却不知道父母尽管爱孩子，却同样不知道孩子对于父母的信任和依赖。孩子对父母的爱是发自内心的，也因为从出生开始就依赖父母的照顾成长，所以孩子对于父母的感情也是简单纯粹的。孩子愿意亲近父母，愿意张开怀抱拥抱父母。哪怕刚刚受到父母的误解和委屈，孩子也会马上又满心欢喜地投入父母的怀抱，从来不会疏远父母。在这种情况下，父母对孩子的爱尽管无私，却要更加尊重孩子的需求，从而才能真正尊重和平等对待孩子。

真正的爱，应该是为了所爱的人考虑，而不是一味地从自身的角度出发，把自己沉甸甸的希望都压在孩子身上。妈妈自以为孩子不理解自己深沉的爱，实际上，妈妈也从来做不到像孩子对待妈妈那样，去完全信任和依赖孩子。孩子对父母的爱完全是没有条件的，父母对孩子的爱同样应该如此。作为妈妈，千万不要把对孩子的爱附加上各种条件，否则日久天长，孩子不但会感受到妈妈的爱是有附加条件的，而且他们潜移默化中也会受到影响，甚至对妈妈的爱也变得迟疑。

3 岁半的晨晨最近有一颗牙齿成蛀牙了，而且相邻的牙齿也有成蛀牙的迹象，妈妈赶紧带着晨晨去医院看医生。医生对妈妈说："孩子太小，没法治牙齿，你平日里多多督促他刷牙吧，也许等到牙齿不好的时候，就该换牙了。"妈妈说："这孩子刷牙总是三心二意，还喜欢含着东西睡觉，所以才会长蛀牙。"医生说："既然知道问题出在哪里，就要有针对性地解决，这样才不会越来越严重。"

回到家里之后，妈妈当即给晨晨换了电动牙刷，还为晨晨买了美味的草莓牙膏。晨晨最喜欢吃草莓，也一直对爸爸妈妈的电动牙刷很感兴趣，妈妈想用这种方式吸引晨晨刷牙。然而，才新鲜了三天，晨晨又开始抵触刷牙。一个周末的早晨，晨晨起床之后怎么也不愿意刷牙，妈妈好说歹说，也没有劝动晨晨。为此，妈妈不耐烦地说："你这个孩子就是活该牙疼，你要是再不刷牙，将来满嘴巴的牙齿都长了虫子，你不得疼得哇哇大叫吗？！"晨晨依然不为所动，小小年纪的他当然不着急，因为不会马上就成满口蛀牙，所以他根本无法想象妈妈所说的严重后果。妈妈看着晨晨无动于衷的样子，火冒三丈地说："晨晨，你如果再不刷牙，我就不要你了！妈妈不喜欢有蛀牙的孩子，也不想要不听话的孩子！"

听到这句话，晨晨马上哇哇大哭起来。看着妈妈做出要离开的样子，晨晨更是哭得上气不接下气。后来，在妈妈的强迫之下，晨晨拿起牙刷刷牙，但是却非常潦草。才刷完牙，妈妈就气鼓鼓地说："好吧，你还是糊弄事儿，不相信妈妈说的话。以后妈妈也不喜欢你了，你就自己作吧！"晨晨看到妈妈离开，赶紧从小板凳上下来，一个趔趄险些摔倒，急急忙忙跟在妈妈身后追赶。

在这个事例中，晨晨对于刷牙也许并没有那么抵触，就是因为妈妈的要挟，才让晨晨变得紧张不安，也因为恐惧而哭泣起来。从本质上而言，孩子从来不会因为父母批评自己，就对父母心怀芥蒂，也不会因为父母的怒吼，而对父母越发疏远。但是父母对孩子的爱看似无私，却有很多的附加条件，更有些父母在不知不觉中，以爱的名义伤害着孩子稚嫩的心灵。事例中的妈妈如果能够换一种方式，例如以带着孩子看绘本或者动画片的方式，让孩子知道不刷牙的严重后果，从而说服孩子主动刷牙，效果就会好得多。此外，还可以带着孩子去牙科医院，寻求专业牙科医生的帮助，也让孩子切身感受到看牙的痛苦，这都比一味地强求孩子、压迫孩子来得更有效。尤其是对于年幼的孩子而言，当看到往日里对自己温柔、耐心的妈妈一下子变得歇斯底里，他们的内心一定是紧张不安，也无处安放的。

太多的妈妈习惯了以吼叫、强迫的方式爱孩子，她们把对孩子的伤害隐藏在爱孩子的名义之下，导致孩子感到困惑，也充满无奈。真正爱孩子的妈妈，一定要从戒掉吼叫开始，以孩子喜欢的方式去爱孩子，以无私的爱充实孩子的心灵和感情。当孩子感受到妈妈深沉无私的爱，当孩子喜欢接受妈妈的爱，这也就意味着教育和引导孩子变得更容易，唯有如此，爱才会成为母子之间最温馨坚韧的纽带。

好妈妈不会陷入情绪的死循环

作为妈妈，孩子不听话，你怎么办？一定是当即歇斯底里地大喊大叫。看着那个无辜蜷缩、瞪大惊恐眼睛的孩子，你一定在愤怒过后感到非常的懊恼，甚至恨自己为何要那么残忍地对待孩子。然而，等到孩子再次犯错误，尤其是你还认为这样的错误是根本不应该犯的，你又会再次陷入这样的情绪死循环之中，把此前的情绪怪圈再次重复一遍。不得不说，这对于妈妈和孩子而言，都是情绪上的伤害。因此，作为主导者的妈妈一定要控制好自己的情绪，打破这个怪圈，才能给予孩子及时的引导，也给予孩子更平和的教育。

从心理学的角度而言，妈妈在吼叫孩子、对孩子歇斯底里之后，总是会陷入懊恼之中。然而，妈妈也很难从这种怪圈中走出去。没有任何孩子在成长的过程中绝不犯错误，父母唯有认识到这个真相，也真正有耐心地面对和接纳孩子的一切行为表现，孩子们才能健康快乐地成长。否则，不管是妈妈还是孩子，只会在"吼叫—后悔—再吼叫—再后悔—继续吼叫"的怪圈中，感受无奈和绝望。

很多喜欢看武侠小说的朋友都知道，即使是武功再高的绝世武林高手，在与敌人对招的过程中，也会露出破绽。每个人都是有弱点的，这个世界上绝没有十全十美、无懈可击的人。基于这个道理，我们也可以推断出，横亘在妈妈与孩子之间的怪圈，也是可以打破的。要想打破怪圈，最重要的是找到关键的节点，从而从最薄弱处入手，让妈妈和孩子都感到轻松。

实际上，在与孩子的关系中，妈妈是占据主导位置的，妈妈一定要摆正心态，端正态度对待孩子，而不要总是觉得自己在与孩子相处的过程中一定吃了很大的亏。遗憾的是，偏偏很多妈妈在教养孩子的过程中都觉得自己亏得慌，她们认为自己付出了极大的心力和精力辛苦地抚育孩子成长，孩子却不能完全顺遂她们的心意，是完全不应该的行为。实际上，孩子的成长有自身的规律和节奏，孩子也是人，不是无所不能的神。孩子的成长是一个循序渐进的漫长过程，作为妈妈，也要尊重孩子内心的节奏，顺应孩子的成长规律去做事情，才能最大限度地给予孩子成长的空间。当妈妈摆正心态，给予孩子成长的时间和空间，也理解和宽容孩子在成长过程中所犯的错误，妈妈就能包容孩子，也心甘情愿地对孩子付出。

很多妈妈在盛怒之后恢复平静，也非常纳闷自己为何会大发雷霆。归根结底，是妈妈忽略了孩子的感受，而把自己的感受放在第一位。也有可能是妈妈在小时候就曾经被自己的妈妈吼叫，所以原生家庭潜移默化的影响，使她们觉得吼叫孩子是天经地义的事情。不管因为哪种原因，吼叫孩子的行为都必须马上停止，唯有如此，妈妈与孩子之间的关系才会缓和，妈妈也才能积极地反思自我，给予孩子更好的对待。

也许有些妈妈会说："我每次都反思自己啊，也很后悔对孩子发脾气，但是等到孩子犯错误的时候，我马上又会全身的血都往头上涌，再次犯同样的毛病。"妈妈们啊，金无足赤，人无完人，孩子是人不是神，总是会有一些缺点和不足，也总是会犯错误。别说是孩子，就算是父母，也难以避免会犯错误。妈妈因为孩子的错误而怒发冲冠的时候，不妨想一想：我自己能做到全无错误吗？如果不能，我有什么理由强求孩子呢？是啊，古人云，己所不欲，勿施于人，连父母自己都做不到的事情，为何还要强迫孩子一定要做到呢？妈妈一定要理解孩子，要宽容和包容孩子，不要认为教育孩子是简单容易的事情，我们每个人都要站在孩子的立场去思考，去从容地帮助孩子，才能最大限度地给予孩子更好的照顾和帮助。

每个人在真正当父母之前，都没有为人父母的经验，所以要展开学习，从而才能给予孩子更好的引导和教育。所谓活到老，学到老，对于父母这个特殊行业，是非常重要的。在教养孩子的过程中，父母一定要坚持用正确的方式引导和教育孩子。避免吼叫，营造良好的家庭教育氛围，给予孩子真诚的对待，发自内心尊重孩子，这才是好妈妈的为母之道。

好妈妈不吼不叫

记得前几年有一本非常畅销的关于亲子教育的书籍，名字就叫作《好妈妈胜过好老师》。仅仅看书名，我们就知道妈妈对于孩子的重要作用。正如人们常说的，父母是孩子的第一任老师，父母也是给孩子言传身教的人。在父母之中，妈妈因为照顾家庭，教育孩子，所以与孩子的接触通常情况下比爸爸更加频繁。因而，妈妈对孩子的言传身教作用更大，妈妈也要耐下心，给予孩子更好的引导和教育，才能帮助孩子健康成长。遗憾的是，很多妈妈都因为巨大的生存压力，导致情绪波动很大，常常就会对孩子怒吼，甚至以歇斯底里的情绪对待孩子。

殊不知，妈妈是孩子的老师，也是孩子从呱呱坠地来到人世之后最好的教育者、陪伴者和引导者。如果妈妈总是无法控制自己的情绪，以崩溃的吼叫对待孩子，则孩子渐渐地也会养成脾气暴躁的坏习惯，而且还会因为缺乏安全感，导致与其他孩子之间产生各种矛盾和纷争。可以说，妈妈对孩子的影响力是不可估量的。好妈妈一定要承担起应尽的责任和义务，给孩子树立积极的榜样，也帮助孩子健康快乐地成长。

上幼儿园之初，晨晨总是哭闹，大概过了半个月，才有所好转。看着晨晨从哭哭啼啼到高高兴兴去幼儿园，妈妈觉得很欣慰，也终于把悬着的心放下来了。然而，大概两个月过后，一天早晨，晨晨又开始闹着不上幼儿园。不管妈妈怎么劝说，晨晨就是不愿意去，妈妈还着急把晨晨送到幼儿园之后去上班呢，因而忍不住吼叫晨晨："晨晨，每个小朋友都要去幼儿园，不去幼儿园的小朋友不是好孩子，也得不到妈妈的喜欢。"晨晨还是不愿意去，妈妈只好咬牙切齿地喊道："你再不去幼儿园，我就把你丢在家里，因为我也要去上班了。"晨晨当然害怕被妈妈锁在家里，因而可怜兮兮地问妈妈："妈妈，我可以和你一起去上班吗？"妈妈斩钉截铁地说："不行！要不我就把你丢在大街上，被坏人带走。"晨晨害怕极了，只好一边哭着一边和妈妈出门，走向幼儿园。此后的几天，晨晨依然哭闹着不去幼儿园，妈妈很纳闷：这是怎么了，之前不是已经能接受去幼儿园了吗，现在怎么又抵触了呢？

在咨询老师之后，妈妈才恍然大悟：原来，很多孩子上一段时间幼儿园之后，都会出现这样的反复行为。他们已经熟悉幼儿园生活，因而觉得无聊乏味，就更加不愿意去幼儿园。在这个时候，父母不要强迫孩子，而要正面教育和引导孩子，让孩子发自内心接受幼儿园，孩子才能调整情绪，从而更好地与父母相处。

在老师的引导下，次日早晨，当晨晨再次哭闹，不愿意去幼儿园时，妈妈对晨晨说："晨晨，你知道么，你最喜欢的毛毛姐姐已经在幼儿园等着你啦！她还给你带了糖果作为礼物呢！"毛毛姐姐是晨晨最喜欢的老师，又听说有糖果可以吃，晨晨马上加快速度，恨不得立刻就到幼儿园去。此后的一段时间，晨晨的情绪越来越平稳，又开始喜欢上幼儿园了。

很多时候，负面情绪就像雾霾一样，不但会让妈妈自身情绪紧张，也会让孩子变得更加焦虑不安。作为妈妈，当发现孩子情绪波动的时候，一定要保持镇定，从而才能帮助孩子平复情绪，也给予孩子切实有效的教育和引导。

从心理学的角度而言，妈妈的吼叫除了吓唬孩子，导致孩子情绪焦虑、内心充满恐惧之外，对于平复孩子的情绪，让孩子采纳妈妈的建议，没有任何好处。特别是当遇到各种突发事件和意外事件的时候，妈妈如何处理和面对，孩子未来也会如何处理和面对。因此也有人说，孩子是父母的镜子，这句话非常有道理，明智的父母总能从孩子身上看到自己的面目。试问，当发现镜子里的自己蓬头垢面、青面獠牙时，我们是希望镜子里的自己改变，还是马上开始整理自己的形象，从而让自己的形象更加干净清爽呢？当然是整理自己。面对孩子的不冷静，作为妈妈，一定要先反思自己，从自己身上寻找原因，从而从根本上解决问题，而不要总是以暴躁易怒的冲动压制孩子。

细心的妈妈会发现，当妈妈情绪歇斯底里、吼声震天的时候，孩子也许会恢复冷静，表示顺从，但是随着妈妈吼叫的次数越来越多，孩子会变得更加焦虑，甚至最终对妈妈的坏脾气完全适应，呈现出麻木的状态。当孩子意识到妈妈除了吼叫之外对他完全无计可施的时候，孩子就会变得更加放肆，甚至完全不把妈妈放在眼里。妈妈要知道，吼叫不是教育孩子的有效方式，吼叫只是一种无奈，甚至是内心空虚、无计可施的表现。

好妈妈要以爱包容孩子，以理解尊重孩子，给予孩子平等对待。唯有如此，妈妈才能得到孩子的信任，也才能真正让孩子心服口服，信赖和尊重妈妈。妈妈对孩子的教育作用显而易见，因为孩子最信任妈妈，与妈妈的关系也最亲密无间。妈妈情绪稳定，给予孩子良好的陪伴，让孩子在稳定的家庭氛围中成长，孩子才能情绪平和。好妈妈不吼不叫，好孩子不骄不躁，这才是家庭教育最理想的状态。

强势的妈妈，抑郁的孩子

若妈妈对于孩子的成长发挥积极的作用，就能正确引导和塑造孩子，这是因为妈妈的一言一行都对孩子产生影响。尤其是在小时候，妈妈的思想和眼界，往往决定了孩子人生的起点和高度。从心理学的角度来说，孩子小时候也是很乐于接受父母引导和教育的，尤其对妈妈更加亲近。因此在很长一段时间里，孩子都会主动接受妈妈的影响，都会在妈妈的言传身教之下成长。然而，凡事皆有度，过度犹不及。如果妈妈对孩子的影响过大，甚至达到操控孩子的程度，就会给孩子带来很大的困扰，而且妈妈也会在这样过分亲昵地与孩子相处的过程中，越发被动，甚至陷入困境。

传统以来，国人都不太懂得人际相处的适度距离，这一点在排队的时候就能明显表现出来。中国人排队总是喜欢摩肩接踵，相比起中国人爱热闹的习惯，西方国家的人则更注重礼仪。他们习惯于在人际交往中保持适度的距离，尤其是在银行等涉及隐私的地方，更是保持一米的距离作为对隐私的尊重和保护。实际上，亲子关系也属于普通人际关系的一种，也要保持适度的距离。即使妈妈觉得孩子是自己生出来的，也不要对孩子过度侵犯。否则，妈妈就会因为过度操控孩子，而导致母子关系紧张。明智的妈妈会与孩子保持适度距离，从而给予孩子更大的空间去成长。唯有如此，孩子才能健康快乐地成长，也会有更加广阔的生命空间去发挥自身的才能。

遗憾的是，现实生活中，有太多的妈妈都过于强势，她们最大的愿望是把孩子管理得服服帖帖的，而丝毫没有想到孩子的成长有自身的规律，更不知道孩子的成长是需要过程的。很多妈妈都把孩子"听话"挂在嘴边，似乎孩子只有"听话"这一个优点值得表扬。殊不知，听话绝不是孩子最大的优点，相反，当孩子没有主见，不管做什么事情都要遵循爸爸妈妈的意见时，则往往意味着孩子的独立自主能力没有得到很好的发展，孩子也会在成长的过程中陷入各种困境，迷失自我。

周末的晚上，成成特别想多玩一会儿，因为他早晨起床晚，所以到了8点半还没有一点儿困意呢。但是，妈妈坚决要求成成早睡早起。就这样，才8点半，成成就被妈妈催促着洗漱，然后躺到床上。妈妈对成成说："成成，闭上眼睛，乖乖睡觉。"成成很无奈："妈妈，但是我现在闭不上眼睛啊，我的眼睛还不困呢！"妈妈说："不困也要闭上眼睛，只要闭上眼睛，你很快就能睡着。"成成躺在床上辗转反侧，很久都没有睡着，忍不住问妈妈："妈妈，我能不能起来玩一会儿？"妈妈当即否定："不可以。"成成退而求其次："那么，我可以把故事机打开，听会儿故事吗？"妈妈有些不耐烦："不可以。你必须给我睡觉，赶紧睡觉。不然，明天早晨还要早起去奶奶家，你又起不来床。"

成成还是睡不着，他死死地闭上眼睛，逼着自己睡觉，但是似乎没什么效果。大概过了半个小时，妈妈来查看成成的睡觉情况，看到成成在床上像烙大饼一样翻来覆去，不由得对着成成怒吼："你这个孩子怎么回事，这么晚了还不睡觉。我可告诉你，你要是再不睡觉，我们明天早晨起床就去奶奶家，就把你锁在家里，没人要你。"在妈妈的呵斥中，成成含着眼泪睡着了。妈妈得意地和爸爸说："看看吧，这个孩子就是得吼，不然一点儿也不自觉。"

孩子困了自然想睡觉，饿了自然想吃饭，如今很多妈妈总是认为孩子瘦了，强迫孩子吃饭，又认为孩子困了，强求孩子睡觉。殊不知，人不困，觉难睡。不仅孩子如此，成人也是如此。作为妈妈，一定不要把孩子当成机器去遥控，更不要总是强求孩子必须按照妈妈的要求和标准去做。要知道，孩子是活生生的人，有自己的思想，有自己的选择，不可能完全都按照妈妈的指令去做任何事情。

通常情况下，爱吼叫的妈妈都有很强烈的控制欲，她们想通过吼叫恐吓孩子，让孩子接受她们的意见和建议。殊不知，孩子虽小，也有主见，他们希望成为自己生命的主宰，而不愿意被妈妈操控。换个角度来看，即使妈妈的恐吓真的让孩子对妈妈言听计从，难道妈妈真的想拥有一个没有思想和主见、只会依赖别人的孩子吗？尤其是在3岁之后，孩子的自我意识不断觉醒，他们更不愿意遵从妈妈的想法和态度去做事。作为妈妈，必须首先调整好心态，端正态度对待孩子，才能与孩子共同进步和成长，也才能成为让孩子骄傲与自豪的妈妈。此外，妈妈们还要注意，不要为孩子把所有问题都想在前面，而是要找机会让孩子学会对自己的行为负责。唯有如此，孩子才能渐渐长大，也才能成为顶天立地的人。

第3章

妈妈的坏脾气，是家庭教育的死敌

当吼叫成为常态，当吼叫成为习惯，很多妈妈都没有意识到自己正在对孩子吼叫，更没有意识到吼叫是家庭教育的死敌，孩子会在对吼叫的恐惧中战战兢兢。尽管也有很多妈妈意识到吼叫不可行，但是她们却无法成功地控制自己，更不能在教育孩子的过程中彻底杜绝吼叫。每一位妈妈都应该把与吼叫的对抗坚持进行下去，这样才能给予孩子更好的教养与对待。

妈妈为何歇斯底里

日常生活中，很多妈妈根本没有意识到自己正在对孩子展开河东狮吼的可怕行为，这是因为她们已经在不知不觉中把吼叫当成人生的常态，也在潜意识里把吼叫作为教育孩子的基本方式之一。等到孩子瑟瑟发抖，以惊恐的眼睛看着妈妈，妈妈才意识到自己居然不知不觉地又在吼叫。这个时候，一切的懊恼都毫无用处，因为吼叫对于孩子的伤害已经形成，如果妈妈不能以此为戒，彻底戒掉吼叫，那么孩子的成长噩梦还会继续下去。

所谓解铃还须系铃人，要想彻底改正爱吼叫的习惯，戒除歇斯底里的情绪，妈妈就要更加积极主动地反思自己，也及时地对自己的言行举止进行改进。这样一来，才能推动家庭教育顺利往前发展，也才能给予孩子更好的照顾和更积极的引导。作为妈妈，一定要深入挖掘自身歇斯底里情绪的根本原因，唯有如此，才能有的放矢杜绝那些导致自己情绪崩溃和爆发的因素，从而卓有成效地改善情绪。

人是感情动物，新生儿从一出生开始就有情绪，随着不断的成长，新生儿的情绪也处于快速的发展之中。每时每刻，情绪都会发生改变，这也就告诉我们，在每一天的每一分每一秒之内，我们的情绪都在不停地改变。哪怕看起来这是普通而又平常的一天，认真仔细地观察情绪的发展变化，我们就会发现自己依然经历了情绪的起伏不定。作为妈妈，一定要熟悉自己的情绪阈值，从而才能在情绪到达上限之前，把握好情绪，也给予情绪更加合理的范围。妈妈的歇斯底里，换言之就是情绪失控。打个形象的比方，情绪就像是一根琴弦，在可以操控的范围内，情绪是可以有效控制的，而一旦超过可控范围，情绪就会失控，就会到达极限值，甚至突破极限值。这样一来，我们就无法有效控制情绪，导致言行举止都处于癫狂状态。当自己成为一个失去理性的妈妈，可想而知这样的情况有多么糟糕，这样的场景有多么可怕。作为妈妈必须控制好自己的情绪，才能管理好孩子，为此很有必要了解自己在什么情况下或者在哪个时间段情绪容易冲动，因而有的放矢管控好自己的情绪。

对于情绪的冲动，每个妈妈都不一样。例如，有的妈妈最讨厌孩子把她刚刚收拾好的家弄得乱七八糟的；有的妈妈最讨厌孩子在傍晚时分她忙着做晚饭的时候围着她问东问西，不停地吵闹；有的妈妈害怕孩子和弟弟妹妹斗嘴、打架；还有的妈妈担心孩子不能及时高效地完成作业……总而言之，每一种小小的情绪都像是一个流弹，在空气中不停地快速移动，时不时地就会和自己的其他情绪或者他人的情绪之间发生碰撞。要想控制好自身情绪，妈妈就要知道自己在哪种情况下会情绪失控，也要记得如何才能在情绪突破阈值之前恢复镇定和理性。

第一，要有勇气控制和突破自己。当知道情绪阈值之后，在情绪即将崩溃之前，就把握好情绪，或者调节情绪，或者控制情绪，或者主动转移注意力，让自己关注其他方面。总而言之，这对于妈妈而言是至关重要的，因为凡事未雨绸缪，总比亡羊补牢更好。尤其是不要吼叫，因为吼叫只能暂时发泄情绪，却会把坏情绪传染给他人，甚至导致自己的情绪更加糟糕。

第二，要认清楚自己在哪个节点会失去控制，从而卓有成效地调整自己的心态和情绪，尽量总结经验教训，为保持情绪稳定奠定良好基础。

人的情绪绝不是孤立地存在，而是与人的精神状态、情感状态都密切相关的。当一个人疲惫不堪、压力山大的时候，他们很难有好情绪，当一个人被他人误解，或者预感到自己即将闯祸的时候，内心也一定是惶惑不安的。此外，很多时候身体的不适也很容易导致人精神紧张，这是因为人原本就是一个和谐统一的整体，原本就是需要综合各个方面的情况把情绪问题调整到最佳的。

每一位当妈的都知道，孩子的情绪更是复杂多变，时不常地就会让妈妈猝不及防。尤其是还有些孩子在言行举止上都很依赖妈妈，也往往会做得不尽如人意，就更让妈妈抓狂。此外，妈妈不仅仅是家庭的妈妈，还是姥姥姥爷的女儿，爷爷奶奶的儿媳妇，更是工作上独当一面的女强人。因而作为妈妈，必须真正把自己变成超人，才能八面玲珑，游刃有余。为了避开那些会导致自己情绪失控的事情，妈妈要列举出会导致自己失控的节点，这样才能防患于未然，让自己在情绪面前游刃有余。举例而言，如果妈妈对于孩子的学习成绩非常敏感，而孩子又不是所谓的学霸和才子，无法在每次考试中都让妈妈对成绩满意。在这种情况下，当孩子考试时，妈妈就要有意识地调整自身情绪，也时刻提醒自己以平常心对待孩子的考试成绩，最重要的是让孩子健康快乐地成长。

说到这里，作为妈妈，相信大家一定意识到情绪的重要作用，也意识到在复杂的情绪背后，还隐藏着这么多的诱因。没关系，只要有足够的耐心，总能把一团乱麻整理出头绪。作为妈妈，要成为孩子情绪的标杆，给孩子树立情绪的榜样。

第三，要意识到，情绪无时无刻不处于变化之中，作为妈妈，必须随时洞察情绪的发展和变化，从而卓有成效地控制情绪。很多妈妈敏感细腻，总是因为一件小事情导致思虑太多，从而引起情绪失控。例如，孩子有一餐不爱吃饭，有的妈妈想"不吃就算，饿了就会吃"，然后把这个问题放下。而有的妈妈就想：这个家伙真的没良心，我辛辛苦苦做饭给他吃，他还挑三拣四地不吃。等到以后长大了，说不定娶了媳妇忘了娘，对我这个娘更加挑剔呢！就这样，妈妈的情绪越来越愤怒，甚至会对孩子大发雷霆。从这个角度来看，作为妈妈要学会合理控制自己的情绪，不要总是因为情绪问题而让自己陷入莫名其妙的焦虑之中，而要让自己从负面情绪中摆脱出来，也帮助自己恢复最好的情绪状态。

每一位妈妈都要记住，要当情绪的主人，而不要当情绪的奴隶。任何情况下，情绪问题都不是孤立存在的，作为妈妈，一定要控制好情绪，才能给予孩子良好的教育，也才能让自己在情绪方面从容应对。

吼叫孩子也是一种体罚

很多妈妈对于体罚孩子存在误区，依然沿袭传统的观念，觉得只有打骂孩子，才是体罚孩子。对于吼叫，大多数妈妈则将其视为体罚前的预警，类似于对孩子起到警戒和震慑的作用，当孩子听到妈妈的"河东狮吼"而依然不愿意收敛自己的时候，妈妈才会真正对孩子展开体罚惩戒。然而，孩子的心灵是简单稚嫩的，妈妈的吼叫往往给他们的内心带来深深的伤害。从这个角度而言，吼叫孩子其实就是一种体罚，虽然没有给孩子的身体带来明显的伤害，但是却让孩子精神紧张，情感压抑，导致孩子的内心深受伤害。

现代社会，教育理念持续更新，有教育专家提出应该对孩子进行赏识教育，从而尊重和保护孩子脆弱稚嫩的自尊心。有些妈妈关注育儿理念，因而在对待孩子的方式方法上已经有一定的进步，很少再对孩子进行传统意义上的体罚，诸如罚站、揍孩子等。但是，仅仅做到这一点还是不够的，妈妈们在意识到打骂不能教育好孩子的基础上，还应该更加深入思考：如何才能教育好孩子？吼叫又会对孩子造成哪些方面的负面影响？

有人说，教育孩子是每一个父母都要毕生从事的伟大事业，的确，没有人生来就有当父母的经验，也没有人能够完全避免孩子在成长过程中出现各种各样的问题。哪怕孩子表现得不如意，一味地打骂和强制管教也根本行不通。不打不骂，还不能吼叫，又该如何教育好孩子呢？归根结底，那些父母之所以对孩子吼叫，就是因为他们没有更好的办法对待和管教孩子。当找到更好的办法，既能让父母轻松，也能让孩子更愿意采纳父母的建议和意见，父母才会水到渠成放弃对孩子因循守旧的教育模式，也给予孩子更加积极的引导和教育。

很多妈妈之所以习惯性地对孩子吼叫，实际上是她们内心空虚和无奈的表现。随着时代的发展，打骂已经退出历史舞台，但是妈妈们还没有做好准备，还不知道如何做才能给予孩子更好的教育，为此她们只能试探性地"吼叫"。常言道，有理不在声高，但是妈妈却认为吼叫至少能对孩子起到震慑的作用，这也是越来越多的妈妈不知不觉间加入"河东狮吼"大军的原因。所有妈妈的吼叫，潜台词都是："给我小心点儿！如果再不听话，你的屁股就要挨揍了，你要识趣，不要非得往枪口上撞。"妈妈凭什么对孩子做出这样的要求，也断定孩子接下来的行为会导致挨揍呢？

不得不说，妈妈还是站在主观的角度在要求孩子，而没有从孩子的情绪情感出发真正地理解孩子，包容孩子。过于主观，往往使很多妈妈在教育孩子过程中不知不觉就会陷入的误区。在现实生活中，有的妈妈逼着孩子吃饭，看到孩子因为吃多了难受而干呕，也依然不依不饶。有的妈妈逼着孩子睡觉，面目狰狞，吓得年幼的孩子即使不想睡觉，也要假装睡着，不能调整姿势，否则就会被妈妈质疑为何还不睡觉。在这些情况下，妈妈不再是温柔贤惠的代名词，也不是孩子的守护者，而变成了一个面目狰狞的人，总是给孩子施加压力，还强制要求孩子遵守不合理的规则。从这个意义上来说，吼叫就是一种体罚，因为它不但伤害孩子的心灵，也摧残孩子的身体。

妈妈的认知错误，使她们对于孩子的要求过高，过于苛刻，也导致她们在与孩子相处的过程中，总是面目狰狞，青面獠牙。对于妈妈而言，当吼叫成为一种习惯，几乎随口就来，脱口而出，想要控制都会变得很难。不得不遗憾地说，很多妈妈还是欺软怕硬的。她们会对年幼的孩子吼叫更大声，更歇斯底里，这是因为她们潜意识里觉得年幼的孩子胆小怯懦，会畏惧妈妈。相反，当孩子渐渐长大，进入青春期，长得比妈妈还高，妈妈就会有所收敛，这是因为妈妈知道半大小子不惧怕妈妈的吼叫，而且在体力上已经胜出妈妈一筹。相信每个妈妈都不愿意承认自己有这样的阴暗心态，但这恰恰是由妈妈的本能决定的。人都有趋利避害的本能，人也都会趋向于对自己有利的事情，而避开对自己有害的事情，即使是妈妈对于孩子，也会在潜意识里衡量自身的利益。当然，这样的心态与妈妈爱孩子之间并没有冲突，妈妈的爱从来不曾改变。

当妈妈对孩子付出得越多，她们对于孩子的期望也就越高，对于孩子的要求也就越琐碎。妈妈总是在为孩子付出全部的心力之后，理所当然要求孩子必须达到她们的期望。当孩子与她们的预期有所出入，她们就会歇斯底里，也会感到无法接受。由此，负面情绪由然而生，诸如抱怨，诸如不满，甚至还有诋毁，都有可能从原本把孩子说得天花乱坠的妈妈的口中说出。

妈妈必须意识到，一切的负面情绪都不应该针对孩子，更不要把负面情绪产生的根源归咎于孩子。没有哪个孩子在成长的过程中是非常顺利，一蹴而就获得成功的，也没有哪个孩子天生完美无瑕，无可指摘。每一个生命从呱呱坠地到长大成人，都需要漫长的经历和过程，都需要不断地突破和超越自我。当妈妈接纳孩子的不完美，也接受孩子成长的节奏，妈妈就会对孩子做到全盘接受，也会真正悦纳孩子。

妈妈的爱，要成为流淌的河流，静水深流，这样才能让孩子的生命之舟在其中平稳地行驶。如果妈妈的爱总是掀起惊涛骇浪，孩子的生命之舟就会剧烈颠簸，甚至还有倾覆的可能。

妈妈疯了，孩子被吓傻了

有一个发疯的妈妈，孩子的人生必然以悲惨开头，这是因为小小的、无助的他们，最想依靠妈妈的怀抱成长。也许有人会说，有一个疯妈妈的孩子还是很少的，大多数孩子都在妈妈的浓浓爱意之中健康快乐地成长，享受幸福的童年。疯妈妈真的很少吗？也许真正在医学意义上疯掉的妈妈很少，但是偶尔处于癫狂状态的疯妈妈却不在少数，这是因为对于妈妈们而言，在工作之余还要兼顾家庭、照顾孩子，的确令她们心力憔悴，倍感疲惫。

很多人同情有一个疯妈妈的孩子，却不知道大多数孩子都在伴随妈妈的疯狂状态，提心吊胆地成长。有些妈妈一边在同情别人家的孩子，一边对自己时而发生的疯狂状态无知无觉，不得不说，这也是孩子莫大的悲哀。毕竟有一个真正疯妈妈的孩子还能博得他人的同情，而有这样一个隐形疯妈妈的孩子，却无人关注，无人倾诉，只能默默忍受。作为妈妈，一定不要让自己陷入疯狂的状态，更不要对自己的孩子毫不怜悯，而一味地抱怨、指责，导致孩子的成长也风雨飘摇，没有任何安全感可言。

闹闹真是人如其名，非常吵闹，几乎没有安静的时候。闹闹的吵闹不是活泼调皮，而是他情绪焦虑、缺乏安全感导致的。例如，闹闹已经上幼儿园中班，班级里其他小朋友都完全适应了幼儿园生活，但是闹闹却时不时地就要哭泣，也因为情绪焦虑而闹腾着不愿意去幼儿园。

这天早晨，闹闹起床的时候就很不顺利，先是赖在床上不肯起床，接着又刁难妈妈，说妈妈给他准备的衣服不好看。等到穿上衣服起床，闹闹一边刷牙一边哭，一边洗脸一边哭，甚至还故意与妈妈对着干，吃饭慢慢吞吞。吃完饭，闹闹就打开电视要看，这个时候，距离妈妈上班只有半个小时，妈妈必须把闹闹送到幼儿园，才能赶去单位。妈妈心急如焚，看到耐心劝说闹闹根本不管用，因而生气地一把提溜起闹闹，对着闹闹吼道："闹闹，别闹了。你要是再敢闹，我就把你送到农村奶奶家里，再也不让你回来！"

听到妈妈的恐吓，闹闹感到很害怕，更加使劲地哭起来。妈妈简直崩溃，直接用手捂住闹闹的嘴巴，口中不停地喊着："我让你再哭，我让你再哭！"闹闹的眼睛里都是惊恐，有那么一瞬间，他觉得自己喘不上气，眼神渐渐暗淡。妈妈这才意识到危险，赶紧松开捂住闹闹的手。闹闹的嘴唇都青紫了，妈妈吓得魂飞魄散，赶紧抱着闹闹奔向楼下的诊所。到了诊所，医生对闹闹进行检查，闹闹也恢复过来，哭着对妈妈伸出手："妈妈，抱抱！"妈妈当然很清楚发生了什么，却不敢告诉医生真实情况，只说孩子突然嘴唇发青。医生建议妈妈带闹闹去医院进行心脏检查，怀疑闹闹有那么一瞬间心脏供血不足。怀抱着心无芥蒂、趴在自己怀里的闹闹，妈妈懊悔不已，恨不得狠狠地揍自己一顿。

妈妈真的会发疯，让妈妈疯狂的绝不仅仅是孩子，还有很多生活和工作中的其他因素。面对歇斯底里，甚至有些丧心病狂的妈妈，孩子能做什么呢？他们从未怀疑过妈妈对自己的爱，哪怕受到妈妈的伤害，也依然愿意依偎在妈妈怀中，感受妈妈的温度。记得在一部西方的电影中，一个妈妈面临婚姻的困境，正在与丈夫打离婚官司。为了散心，她带着孩子住到乡间，租住在一个单身男人楼上的房间里。这个妈妈的情绪很崩溃，经常会歇斯底里，为此，男人常常听到楼上传来妈妈崩溃的吼叫声和孩子委屈的哭喊声。直到有一天夜晚，楼上传来一声沉重的闷响，原本哭闹不止的孩子瞬间噤声。男人意识到出问题了，赶紧冲到楼上去，看到孩子昏迷在地上，人事不省，而妈妈则失魂落魄地坐在一旁。男人知道，这个即将崩溃的妈妈亲手试图杀死自己的孩子，但是男人什么都没有说，选择相信妈妈说孩子不小心爬高跌落的谎言，和妈妈一起把孩子送到医院抢救。这就是疯狂的力量，会让一个理性的、慈爱的妈妈瞬间变得自己都不认识自己，就像被魔鬼附体一样，完全失去对自我的控制。

作为妈妈，出现疯狂的状态，无疑是非常危险的。作为妈妈，要想对孩子负责，要想给予孩子最好的爱，就一定要控制好自己的情绪，也有的放矢地摒弃生命中那些负面的因素。例如，作为职场妈妈，不管工作上面临怎样的困境，都不要把这样的负面情绪带到家里，更不要发泄在孩子身上。要记住，孩子是无辜的，他因着缘分来到这个家庭里，与妈妈成为最亲密无间的人，妈妈就要承担起责任，照顾好孩子，陪伴孩子成长，而不要总是把孩子视为沉重的负担，更不要试图彻底抛弃孩子。

发脾气只会导致事与愿违

生活的沉重，生命的无奈，让很多妈妈都感到内心沉重，也变得性格暴戾。曾经年轻的、无忧无虑的单身少女，尽情享受生命的轻松与美好，在成家立业之后，突然要建设自己的小家，还要负担起照顾孩子的重任，这让她们身心俱疲，根本无法从容地面对自己，更无法在仓促之余照顾好孩子。正因为如此，很多丈夫都会发现结婚前那个小鸟依人的温柔女孩不见了，取而代之的是一个女汉子，她们强势、暴躁、独断、专行，也常常发脾气，不但把自己气得七窍生烟，也给身边的人带来负面影响和负能量。

随着日复一日的暴戾，她们的声调越来越高，声音越来越尖锐，言辞越来越苛刻犀利，耐心更是无极限地减少。实际上，正如有人曾经说过的那样，如果哭着也是一天，笑着也是一天，为何不笑着度过人生的每一天呢？如果抱怨不能解决问题，那就让我们心怀感恩面对生活的磨难和挑战，也感谢生命的一切赐予吧。否则，发脾气只会导致事情更加恶化，还会因为错过事情的最佳解决时机，使得当事人陷入被动之中，无法自拔。

有一天晚上，妈妈下班回家的时间比平日里晚了一些。原本，妈妈在单位里就想给小宇打电话，叮嘱小宇认真完成作业，但是想到前几天才就写作业的问题与小宇沟通过，为此妈妈选择相信小宇，没有打电话回家督促小宇。

也许是因为希望越大，失望也就越大，在打开门的一瞬间，妈妈看到小宇正坐在客厅的沙发上边吃零食边看电视，马上火冒三丈。妈妈气得连鞋都没有换，就直接走过去关掉电视，又把小宇拿在手里正在吃的零食扔到垃圾桶里。妈妈看起来是一副肾上腺素飙升的样子，她以声嘶力竭的声音怒吼着质问小宇："作业写完了吗？你就看电视！真是狗改不了吃屎，我前几天说的话你都忘记了吧，你怎么就不长脑子呢？！"妈妈尖尖的手指都快戳到小宇的脑门上了，小宇眼睛里含着泪水："你从来都不相信我，是吧？你要是对我这个儿子不满意，可以找别人当儿子！"妈妈听到小宇顶嘴，更生气地说："你这个德行，我怎么对你满意，怎么满意，你告诉我怎么满意！烂泥扶不上墙，你还要满意吗？！"小宇委屈得眼泪直往下掉，他说："今天是周五，不是规定周五可以看一个小时电视，再写作业的吗？"

这句话就像一记重锤，打得妈妈脑袋里嗡嗡直响。看着小宇走向卧室，关上卧室的门，开始号啕大哭起来，妈妈意识到自己犯了一个严重的错误：原来是周五啊，我怎么把这个日子给忘记了呢！这下子完蛋了，小宇恨死我了。我去不去道歉呢？妈妈站在那里百感交集，觉得对不起小宇。

在这个事例中，妈妈一进门看到小宇在看电视，马上就开始大发雷霆，完全无法控制自己的坏脾气。小宇呢，原本正在度过周五难得的片刻清闲，就这样被妈妈一连串的动作破坏了好心情——被关掉电视，被扔掉零食，被指着脑门破口大骂，简直让小宇心如死灰。如果妈妈能够按捺住脾气，如果妈妈能再有一点点耐心询问小雨为何不写作业，也就不会这样误解小宇，更不会导致小宇委屈至极，伤心至极。

曾经有心理学家证实，人在愤怒的瞬间，智商为零。实际上，妈妈也不例外，当妈妈因为孩子而愤怒，即使是对孩子的爱也不能让她们保持冷静和理性，保持正常的智商。事例中小宇妈妈就是最好的例子，她自以为孩子犯错误，因而对着孩子大发雷霆，最终却伤害了孩子的心。所谓有理不在声高，妈妈们一定要记住，教育孩子并不急在一时，父母唯有给予孩子尊重和平等对待，才能给孩子营造健康的家庭教育氛围，保证孩子积极健康、快乐向上地成长。

别让吼叫驱散孩子的快乐

现代社会，随着生活节奏的加快、工作压力的增大，越来越多的妈妈加入河东狮吼的队伍，动辄就对着孩子大吼大叫。殊不知，大吼大叫不但剥夺了妈妈们的快乐，也让孩子的童年被阴云遮蔽。吼叫就像是如今在各大都市流行的雾霾，也许暂时的吸入并不会导致身体严重不适，但是长期的吸入，则会导致孩子的身心发展渐渐地发生改变，孩子的心头笼罩着阴云，孩子的内心也越来越郁闷，对于生命的动力日渐萎缩。

吼叫有毒，作为妈妈，不要让吼叫毒害孩子的心灵。很多妈妈之所以热衷于吼叫，是因为对孩子束手无策的她们过分夸大了吼叫的作用，她们误以为吼叫是开关，可以关闭孩子的哭泣和吵闹，还以为吼叫具有超强的震慑力，能够让孩子的歇斯底里状态宣告结束。其实，吼叫什么也不是，除了负面作用外，吼叫几乎没有正面的作用，如果有，也只能帮着妈妈暂时发泄情绪，而对于孩子的成长和健康没有任何好处。

有一天放学后，小宇乖乖地去书房里写作业，这让每天都为了作业而感到头疼的妈妈倍感欣慰。然而，才高兴了不一会儿，妈妈就发现小宇写作业的坐姿很不正确，头总是越来越低。为此，妈妈先是耐心提醒小宇，在提醒三次之后，妈妈实在失去耐心，因而对小宇开始歇斯底里："眼睛不想要了吗？我说几遍了，抬起头，挺起胸，怎么就记不住呢？难道想长大了当四眼狗，干什么都不方便吗？"

小宇家里住的楼层不高，小宇确定当时妈妈的吼声整个小区肯定都听得清清楚楚。小宇心中也愤愤不平：哼，我认真写作业，你居然还对我不依不饶。好吧，我就不写，看你还有什么话说！想到这里，小宇拿出课外书开始看起来。果不其然，才过了10分钟，妈妈又来查看小宇的情况。看到小宇正在看课外书，妈妈的声音马上又开始高八度："作业写完了吗？"小宇一副吊儿郎当的样子："没有呢，我在休息呢！"妈妈的血一下子都涌到脑袋上："你真是烂泥扶不上墙，刚刚夸你两句，你就不得了了，不知道自己姓什么了，是吧？"小宇嘀咕道："随你怎么说。"妈妈看到小宇还在看课外书，生气地把小宇的书没收。小宇也一肚子气呢，和妈妈抢夺起来，妈妈一气之下把小宇的课外书撕碎，扔到垃圾桶里了。小宇冲动地大吼一声，夺门而出，离家出走。整整三天，爸爸妈妈和亲戚朋友，才在警察的协助下，在一家网吧里找到小宇。小宇不愿意回家，说："我不想再和这个疯女人一起生活。"听到小宇这么说自己，妈妈正准备发飙，爸爸示意妈妈平静，妈妈这才勉强忍住心中的愤怒，始终保持噤声。回到家里很久，小宇与妈妈的关系才相对缓和，妈妈有了这次的教训，也收敛很多，再也不对着小宇胡乱地嘶喊了。

　　妈妈即使再爱孩子，也不能以吼叫毒害孩子，更不能以肆无忌惮的吼叫伤害孩子的心。孩子对父母的依赖是完全无条件的，妈妈作为孩子最亲近的人，尤其不能辜负孩子的愿望，更不能让孩子伤心绝望。妈妈对孩子的爱，不但指引着孩子人生的方向，也最大限度圆满孩子的心灵，充实孩子的内心。

　　通常情况下，爱吼叫的妈妈都有口头禅，例如在孩子哭闹不休的时候对着孩子吼道"不许哭"，当孩子喋喋不休的时候对着孩子吼道"快闭嘴"，甚至当孩子不听指挥的时候还会不计后果地威胁孩子"我最讨厌不听话的小孩子，你要是再哭，我就不要你了"……类似这样的话，都会给孩子带来深深的困扰，因为这些话不但不能安抚孩子缺乏安全感的内心，反而会使孩子变得更加焦虑不安，哭闹不休，也会导致孩子黏着妈妈的行为变本加厉。因为孩子分不清楚妈妈是在恐吓他们，还是在说真的，为了不被妈妈抛弃，他们会更加用力地黏着父母，从而避免被妈妈抛弃。孩子的这种举动，偏偏导致妈妈更加焦虑，也让妈妈的情绪更糟糕和激动。

　　如何给中了吼叫之毒的妈妈解毒呢？这是个难题。作为妈妈，必须首先意识到吼叫是有毒的，才能主动解毒。如果妈妈认为吼叫是正常的行为表现，是教育孩子过程中理所当然的行为举动，则妈妈就会更加顺理成章地吼叫下去。这就像一个人要想改正错误，首先要知道自己犯了错误，也意识到自己的错误在哪里，才能对症下药。其次，很多妈妈即使知道吼叫是错误的教育方式，但是对于吼叫的严重后果，却没有清醒的认知。妈妈们必须深刻反思，认真思考，才能知道吼叫的毒在哪里，也才能知道吼叫的严重后果，从而积极主动地改变和控制自己。否则，当孩子也学着和妈妈一样吼叫，则意味着整个家庭教育都中毒已深，是非常可怕的。

在心理学领域中，曾经有心理专家经过研究发现，原生家庭的环境对于孩子的成长有深远的影响。这也就意味着，当妈妈总是吼叫着对待孩子，随意发挥负面情绪，则孩子也会模仿妈妈的样子去生活，对整个世界都充满暴戾之气。毫无疑问，这样的孩子中毒已深，未来的人生堪忧。作为妈妈，爱孩子，就一定要从孩子的角度出发，给予孩子最好的爱，也给孩子积极的情绪反应。当孩子的童年充满欢声笑语，孩子当然是幸福的，也是幸运的。

第4章
主动倾听孩子——沟通永远是叛逆期教育的第一步

当孩子处于叛逆期，父母总是觉得无计可施，也会对孩子感到非常无奈。的确，孩子在成长的过程中总是会出现各种各样的问题，父母只能水来土掩，兵来将挡，如果一味地推卸责任，只会导致亲子关系陷入被动的状态，不能得到积极有效的经营和发展。在针对叛逆期的孩子进行教育时，父母必须把握一个原则，那就是与孩子进行有效的沟通，因为沟通是心与心之间的桥梁，唯有沟通得好，才能消除误解，也才能让亲子关系良性发展。必须注意的是，所谓的沟通不是父母说，孩子听，而是父母要付出真诚的心，耐心倾听，让孩子畅所欲言，这样父母才能走入孩子叛逆的心，与孩子积极互动。

认真倾听，才能与孩子有效沟通

很多妈妈都陷入一个误区，即所谓沟通，就是妈妈负责主讲，孩子负责听。殊不知，这样的沟通方式恰恰是很多孩子都心生抵触，也极其厌倦的。正因如此，很多青春期的孩子才会嫌弃妈妈很烦人。作为妈妈，一定要发自内心尊重孩子，平等对待孩子，才能给予孩子更大的空间去成长。当妈妈喋喋不休，孩子必然越来越厌倦妈妈。

遗憾的是，现实生活中，大部分妈妈都迫不及待想把自己为孩子好的想法灌输给孩子，却不知道妈妈以为好的，未必是孩子需要的。此外，也因为人生经验的限制，孩子往往不理解妈妈的想法，导致与妈妈的相处出现隔阂，沟通面临障碍。当误会不断地积累，就会使得亲子关系陷入困境。还记得电视剧《我的青春谁做主》吗？在电视剧里，妈妈把女儿送到国外留学，一心一意想要培养女儿进入剑桥大学，成为社会上顶尖的精英，拥有成功的人生。然而，女儿居然拿着妈妈给她的学费和生活费，回到国内开餐馆，过自己想要的人生。而且女儿还非常热衷于钻研厨艺，不得不说，女儿的人生理想和妈妈是背道而驰的。当一直被蒙在鼓里的妈妈得知真相，简直如同遭遇晴天霹雳，痛心疾首，也觉得自己一切的付出和努力都付诸东流。在与女儿之间发生各种争执和矛盾之后，妈妈最终意识到自己的错误，也决定要尊重女儿的想法。妈妈很后悔没有提前与女儿深入沟通，没有积极地倾听女儿的心声，否则母女都不需要走太多的弯路。这样的情节和误解不仅出现在电视剧中，也频繁地出现在现实生活中。

作为妈妈，理应是孩子最亲近和信任的人，却因为各种各样的原因，与孩子渐渐地走向相反的方向，也导致孩子与妈妈之间产生隔阂。通常情况下，在亲子关系中，妈妈占据主导地位，这样一来，也理所当然承担起引导的重任。面对孩子在成长过程中遇到的各种问题，妈妈不要急于掌控孩子，而是要更加认真地倾听孩子的想法，给予孩子积极的建议和引导。这样的做法，看起来整个事情的推进速度变缓慢了，实际上却是磨刀不误砍柴工，能够让事情更加迅速推进。人与人之间的一切交往，都建立在沟通的基础上，妈妈与孩子之间的人际关系，也是普通人际关系的一种。妈妈只有与孩子建立相互信任、彼此支持和帮助的关系，才能顺畅进行沟通，也为加深亲子关系奠定坚实的基础。

如今，还有很多妈妈都觉得与孩子之间有代沟，沟通无法顺畅进行下去。实际上，倾听孩子，接纳孩子的情绪，给孩子机会顺畅地表达，才能让孩子渐渐地愿意敞开心扉，也能够以各种方式应付挑战。很多心理学家发现，如果孩子小的时候没有得到父母的倾听，长大之后在自尊自信方面也往往存在很多问题。当成年的孩子表现出缺乏自信、唯唯诺诺、胆怯等性格特征，则必须经过漫长时期的治疗，才能恢复心理健康。作为父母，一定要尊重孩子，不要随随便便就打断孩子的倾诉，也不要以代沟为由，屏蔽孩子的语言，唯有在民主和谐的家庭氛围中，孩子才能健康快乐地成长，孩子的人格才能健全，心理才能积极向上。

要想成为好妈妈，必须先成为孩子的倾听者，以真诚和用心，打开孩子的心扉，给予孩子的成长最好的陪伴。

唠叨和责备，都是教育的敌人

每一位妈妈都把唠叨当成爱孩子的方式，觉得必须对孩子积极地表达，事无巨细地关心孩子，才是真正地爱孩子，也才是对孩子最好的教育方式和爱的语言。实际上，爱孩子的方式有很多，在孩子小时候，妈妈也许可以唠叨一些，给孩子爱的叮咛，但是当孩子渐渐长大，进入青春叛逆期，妈妈就一定要讲究方式方法，而不要总是把很多不足挂齿的小事都反复在孩子面前说，最终导致孩子产生逆反心理。

提起青春叛逆期，很多父母都觉得无奈，因为青春叛逆期的孩子对于任何事情都有自己的了解，表现出超强的主见，而根本不愿意跟随着妈妈的节奏去做事情。即使妈妈想要敞开心扉和孩子交流，也会发现孩子表现出厌烦的样子，或者专门与妈妈背道而驰，和妈妈对着干。这到底是为什么呢？

妈妈必须意识到，孩子的成长始终处于发展和变化之中，妈妈如果总是把孩子当成小朋友去对待，而忽略了孩子新的身心需求，就会被孩子的成长甩下。好妈妈知道，要随着孩子的成长与时俱进，也知道必须给予孩子极大的尊重和理解，才能打开孩子的心扉。很多妈妈误以为只要多和孩子说话，就能了解孩子，让孩子听话，这种想法是完全错误的。因为很多妈妈对于孩子的表达就是唠叨和责备，或者是在指挥孩子，对于孩子的成长根本没有任何好处，也不会促进亲子关系的发展。所以妈妈要清楚唠叨和责备与沟通之间的区别，也要认识到孩子随着成长已经进入到人生的哪个阶段，从而更加卓有成效地教育和引导孩子。

　　12岁的杰西已经读六年级了，妈妈发现，曾经特别喜欢表达的杰西，现在和爸爸妈妈之间的交流和沟通越来越少。妈妈很着急，她想知道杰西心里在想什么，也知道青春期的孩子需要父母的引导，为此，妈妈想出很多办法询问杰西，但是杰西总是问一句就说一句，根本没心情和妈妈深入交流。

　　有一个周末，妈妈看到杰西正在电脑上玩游戏，而没有写作业，因而询问杰西："杰西，你是不是要写完作业再玩呢？"杰西看了妈妈一眼，继续玩游戏，对妈妈的话无动于衷。妈妈说："杰西，你最近怎么不爱和妈妈说话了呢？以前，你可是最爱把什么事情都告诉妈妈的，妈妈也很愿意和你交流。"杰西感到很厌烦，因而不屑一顾地哼了哼。妈妈继续说："杰西，我们可以好好谈谈吗？"杰西不耐烦地对妈妈说："你那是交谈吗？你除了唠叨让我写作业，指责我考试没有考出第一名，还有什么话题和我说呢？我不想和你谈。"妈妈觉得很无辜："但是，我是你妈妈，肯定会关心你，照顾你的吃喝拉撒，关心你的学习成长，这不是很正常吗？"杰西说："在你心里，成长就是学习，学习就是成长，无他。"看到杰西这样的态度，妈妈很无奈。然而，她也禁不住深思：杰西的确长大了，对杰西小时候的教育方式，已经不适合现在的杰西了。

　　的确，很多妈妈与孩子的沟通都存在一个问题，那就是只关心孩子的学习，而很少关心孩子的精神世界和感情生活。实际上，孩子的成长是方方面面的，而不仅仅只有学习值得妈妈关心。明智的妈妈会更加理性地对待孩子的学习生活，也会给予孩子积极的引导和教育，从而帮助孩子快乐成长。实际上，妈妈一开口就说学习，是最让孩子感到厌烦的。聪明的妈妈知道迂回曲折关心孩子，知道不要直截了当关注孩子的学习，也可以从侧面多关心孩子，这样与孩子的沟通顺利，则督促孩子的学习也会事半功倍。

细心的妈妈会发现，孩子在叛逆期尤其不爱听话，这是因为孩子的自我意识越来越觉醒。妈妈要知道，孩子在叛逆期会表现出三个明显的心理特点。首先，孩子的自尊心变得更强烈。在这种情况下，妈妈千万不要还和以前一样，在孩子出现各种问题的时候，就对孩子劈头盖脸地一通训斥，绝对不给孩子解释和辩解的机会。这样简单粗暴的教育方式，不会让孩子反感妈妈，也会导致妈妈的效果大打折扣。孩子的尊严一旦受到伤害，他们就会破罐子破摔，导致成长出现阻碍，陷入困境。其次，孩子的自我意识更加强烈。这让孩子渴望独立，因为他们认为自己已长大成人，只想最大限度发挥自身的积极性和主观能动性，却忽略了自身能力的不足。最后，孩子很容易受到周围环境的影响，尤其是在青春叛逆期，他们处于染之苍则苍、染之黄则黄的阶段，因而妈妈要以合适的方式关注孩子与哪些朋友交往，也要努力为孩子营造健康的成长环境。

总而言之，妈妈固然要关心孩子，教育和引导孩子，却不要采取错误的方式，更不要总是对孩子颐指气使。唯有给予孩子更大的成长空间，给孩子更多自由放飞的机会，孩子才会健康快乐，也才能与妈妈之间建立良好的亲子关系，增进亲子感情。

妈妈会说话，孩子更爱听

很多妈妈都抱怨孩子不听话，却没有意识到不是孩子不听话，而是妈妈不会说话。如果妈妈能够掌握与孩子沟通的技巧，则孩子就能把妈妈的话听到心里去，由此一来，亲子沟通也会更加顺利。面对叛逆期的孩子，尤其是处于青春叛逆期的孩子，妈妈们总是感慨万千"孩子真是没法管，性格倔强，总是与父母对着来""我这哪里是生了一个孩子啊，简直就是生了一个冤家对头""孩子总是与我针锋相对，这可怎么办呢"……的确，随着孩子的成长，妈妈们会发现此前还依偎在自己的怀抱中，与自己亲密无间的孩子，似乎在一夜之间就与妈妈离心离德。这还是较好的情况，更有许多半大不小的孩子，总是与妈妈对着干，不再把妈妈当成妈妈，而把妈妈当成他们的阶级敌人一般，本着"与天斗，其乐无穷；与地斗，其乐无穷；与妈妈斗，其乐无穷"的态度，乐此不疲地与妈妈斗争。

妈妈们都想多了，孩子对妈妈绝对没有恶意，而只是因为身心发展进入特殊的阶段，自我意识不断觉醒和发展，所以才会渴望独立自主，渴望得到妈妈的尊重和理解，也渴望得到妈妈的平等对待。在孩子的这个特殊阶段，妈妈要真正发自内心地尊重孩子，真正理解孩子，才能做到平等对待孩子。父母必须改变思想，不要再把孩子当成什么都不懂的小家伙去对待，而要把孩子当成和自己平起平坐的家庭成员，本着这样的原则与孩子交流，孩子才会对妈妈更加认可和尊重。

在抚养和陪伴孩子成长的过程中，很多妈妈都会感到委屈，觉得自己辛辛苦苦为孩子付出那么多，孩子却不领情。妈妈们一定要端正心态，养育孩子是心甘情愿的事情，不要总是斤斤计较，更不要精于算计。当妈妈乐于养育孩子，也从不计较孩子给自己的回报，而是在养育孩子的过程中自得其乐，妈妈就能真正感受到养育孩子的快乐，也能够给予孩子最佳的陪伴。

期中考试过后没多久，一天放学后杰西郁郁寡欢地回到家里。妈妈看到杰西的样子，猜到杰西肯定是有什么不开心的事情，不过妈妈没有询问。妈妈知道，杰西正处于青春叛逆期，非常敏感。吃完晚饭，杰西才对妈妈说："妈妈，我期中考试成绩不好。"爸爸有些着急："考了多少分？"杰西没有说话，妈妈和颜悦色地对杰西说："没关系的，谁也不能保证每次考试都考好，而且考试也是一种检验，如果考得不好，说明在某些方面还存在欠缺，你就可以有的放矢地去弥补，争取进步，也是一种很大的收获。"显而易见，妈妈的话说到杰西的心里去了，原本还面色沉重的杰西，面色缓和了一些。其实，妈妈在说这番话之前就已经打定主意：不管杰西考试成绩如何，都不责怪杰西，否则就会让杰西关闭心门，以后不管有什么事情都不愿意再和他们沟通了。

果然，妈妈的话效果显著，杰西虽然依然没告诉爸爸妈妈他的成绩，却表态道："爸爸妈妈，我会努力的。"妈妈微笑着点点头，又以眼神示意爸爸。爸爸心领神会，也对杰西说："嗯，我的儿子是最棒的。"就这样，一场危机消散于无形。后来，爸爸妈妈知道杰西的成绩，也没有过分追究，他们相信杰西会给出这件事情正确的态度和处理方法。

在这个世界上，没有孩子是生而不听话的，最重要的在于，妈妈要掌握说话的技巧，才能与孩子顺利地进行沟通。如果妈妈对孩子总是要求过高，在孩子因为各种原因犯错误的时候，总是给予孩子最大的惩罚，总是不假思索就批评、否定和指责孩子，则孩子一定会感到很懊恼，渐渐地也就会对妈妈失去信心和耐心。

作为妈妈，不要总是让自己高高在上，对孩子摆出一副权威模样。很多妈妈都以成人的标准去要求孩子，却忽略了孩子年龄还小，看问题和思考问题的视角都与成人不同。就像参加一场宴会，妈妈看到的是美酒美食，而当蹲下身体从孩子的视角去看，看到的却是无数条晃动的腿部森林，这当然让孩子感到难以忍受，也会因为焦虑不安而不愿意继续留在宴会上。此外，妈妈还要更多地关心孩子成长的方方面面，而不要只关心孩子的学习，否则会让孩子很愤怒，觉得妈妈并不真正爱他。当然，妈妈肯定是深爱孩子的，却也要讲究方式方法。为了与孩子更好地沟通与互动，妈妈还要紧跟孩子成长的脚步，符合孩子成长的节拍，从而与孩子更好地互动。很多妈妈都很传统，思想因循守旧，却不知道真正优秀的妈妈是时尚的父母，是能够与孩子协调一致、同进共退的。这样的妈妈既是妈妈，也是朋友，更是孩子心灵的伙伴，是孩子最喜欢也最热爱的妈妈。总而言之，当妈妈，要与孩子同呼吸、共命运，要避免指责孩子，而给予孩子真心的爱与欢喜，要真正发自内心地欣赏孩子。唯有如此，妈妈才能得到孩子同样的对待与回馈。

掌握批评孩子的艺术

很多妈妈都经常批评孩子，甚至有些妈妈一天之中几次批评孩子，而完全不顾孩子的颜面，更不在乎孩子的感受。不得不说，这样的妈妈以批评伤害了孩子稚嫩的心灵，也因此而收获恶果：孩子的不信任、委屈，孩子的疏离、厌烦……每一个妈妈都想与孩子建立亲密无间的关系，拥有深厚的感情，遗憾的是，总是不能如愿。这不是因为妈妈对孩子的爱不够深，也不是因为孩子天生就不喜欢妈妈，只是因为妈妈不懂得说话的艺术，尤其是在批评孩子的时候不讲究方式方法，导致伤害了孩子稚嫩的心灵。

记得有一首歌的名字叫作《很受伤》，实际上，在妈妈粗暴的教养方式下，孩子也是很受伤的。很多妈妈误以为孩子接受父母无微不至的照顾，也在他们全力以赴的安排下生活，一定是很惬意和无忧无虑的。实际上，孩子也承担着巨大的生存压力，他们不但要学习好，还需要生活积极主动，更要在各个方面都表现良好。妈妈不要想当然地认为孩子生活轻松，而是要设身处地为孩子着想，给予孩子积极的引导和教育，才能帮助孩子健康快乐成长。尤其是在批评孩子的时候，妈妈更要讲究方式方法。

很多妈妈因为孩子总是犯错误而懊恼，殊不知，孩子的成长过程是一个不断犯错误的过程，甚至连成人，也不可能避免犯错误。妈妈一定要端正心态，意识到孩子在成长过程中犯错误是正常现象，才能对孩子的错误心平气和，也才不会口无遮拦地把很多批评的话对孩子不假思索地说出口。妈妈要知道，孩子对妈妈是非常信赖的，很多时候妈妈一句无心的话，就会给孩子带来深深的伤害。作为妈妈，要谨言慎行，要字斟句酌地与孩子沟通，才能避免伤害孩子的心灵，也才能把对孩子的批评教育起到最好的效果。

看到这里，也许有很多妈妈都会感到困惑：难道孩子现在说不得，也碰不得了吗？当然不是。每个孩子在成长过程中都会犯错，每个孩子在成长的各个阶段也会表现出不同的心理特点，因而妈妈要了解孩子的身心发展特点，也洞察孩子的脾气秉性，才能有的放矢以合适的方式对孩子展开批评。否则，过多的批评、不讲究方式方法的批评，只会对孩子的教育起到事与愿违的效果，只会让孩子更加叛逆，与妈妈的教导背道而驰。

从教育的角度而言，批评是一种教育方式，也是对孩子进行教育不可避免的教育方式。当孩子故意违反规定、明知故犯的时候，妈妈当然要严厉批评教育孩子，让孩子意识到遵守规矩和法律的重要性。当孩子只是无意间犯错，而且当着很多人的面时，妈妈就不要急于批评孩子，可以等到合适的时机和场合再批评孩子，这样才能让批评的教育作用事半功倍。还记得列宁小时候打碎花瓶的故事吗？在姑姑家里，当着诸多兄弟姐妹的面，妈妈没有批评列宁，而是在回家之后给列宁讲故事，以故事中诚实的品质打动列宁，给予列宁积极的引导。最终，列宁主动承认错误，也当即写信给姑姑道歉，妈妈的教育效果也圆满实现。

常言道，知子莫若母。实际上，随着孩子不断成长，妈妈未必是那个最了解孩子的人。要想成为好妈妈，要想控制好情绪，就要深入了解孩子，让孩子以积极健康的心态勇敢承认错误，承担起自己该负的责任，这样孩子才会健康成长，也懂得做人的道理和原则。

此外，妈妈还要注意，千万不要因为孩子犯错了，就给孩子贴标签。批评孩子要做到就事论事，赏罚分明，而不要随意给孩子贴上负面标签，从而对孩子的人格进行侮辱。妈妈要知道，大多数孩子因为年纪小，缺乏人生经验，根本无法做到客观公正地认知自己。所以他们常常要依靠父母对他们的评价，去认知和判断自己。这是因为孩子完全是无条件信任父母，且父母是他们最亲密的人。在这种情况下，妈妈一旦给孩子贴标签，就会导致孩子对自己产生错误的认知。曾经有孩子因为小时候被爸爸说成五音不全，一辈子都不敢唱歌，还有的孩子终生难忘父母对他们小时候的评价，因而导致形成错误的自我认知。作为妈妈，要知道自己在孩子心目中的分量，也要知道孩子的成长离不开妈妈正确的引导和中肯的评价，这样才能恰到好处地批评孩子，也给孩子有效的引导。

表扬要有技巧，才能事半功倍

和批评一样，表扬也要有技巧，才能让表扬起到事半功倍的良好效果。很多妈妈在管教孩子的过程中陷入困境，觉得孩子非常难以管教。的确，当孩子进入青春叛逆期，自我意识不断觉醒，独立自主的愿望越来越强烈，他们很难再像小时候那样对妈妈言听计从，这也是很多妈妈都抱怨孩子如同变了一个人似的叛逆的原因。实际上，人际关系的最大障碍，最终都可以归入沟通上。作为妈妈，不但批评孩子要讲究艺术，表扬孩子也要讲究技巧，才能在陪伴和引导孩子成长的过程中，与孩子顺畅沟通，让教育事半功倍。

人的本能都是趋利避害，孩子也是如此。很多妈妈对于难以教育的孩子感到无计可施，实际上不是因为孩子不好教育，而是因为妈妈没有掌握方法。在传统的观念里，妈妈总是觉得孩子身上有很多错误和缺点，需要持续地改正，却不知道孩子的成长有内在的节奏和规律，妈妈要尊重孩子，才能在此基础上引导孩子。否则，当妈妈一心一意只想盯着孩子的错误，则孩子就会越来越叛逆，甚至因为妈妈的持续否定和批评而破罐子破摔，再也不愿意努力上进。作为妈妈，要想让教育不那么别扭，就要深入挖掘和发现孩子身上的优点，从而真正做到赏识孩子。中医学方面讲究扶正固本，用到教育孩子方面，就是巩固孩子的优点，让孩子坚持向上，最终健康成长。

当然，表扬要想起到预期的效果，就要讲究技巧。因为如果表扬不得法，同样会对孩子的成长起到负面作用。如今，很多父母受到赏识教育观念的影响，动辄就表扬孩子，却不小心把好孩子夸成了坏孩子，这是很让人遗憾的结果。还有的父母表扬孩子的时候怀着敷衍的态度，总是泛泛地夸赞孩子，使孩子沾沾自喜，骄傲自满，最终出现退步。具体而言，表扬孩子，要遵循以下原则。

第一，表扬孩子要真心诚意，要发自内心。很多父母是为了推崇赏识教育而赏识孩子，不管孩子表现如何，他们都夸赞还"很棒""非常优秀"等，导致孩子盲目自信和乐观，也因为骄傲而扬扬得意，反而不断退步。

第二，表扬孩子要具体，要针对某件事情赞美孩子。在表扬孩子的时候，一定不要让语言空洞，更不要让语言流俗。孩子虽然小，也有敏锐的感知能力，父母是真心诚意地赞赏孩子，还是泛泛而谈敷衍孩子，对于孩子而言是截然不同的。

第三，挖掘孩子的闪光点，赞美孩子不那么明显的优点。很多孩子的优点非常明显，也得到了包括父母在内诸多人的赞赏，父母总是表扬孩子这些显而易见的优点，很难打动孩子的心。父母是与孩子最亲近的人，每天与孩子朝夕相伴，要赞赏孩子不为人知的优点，才能让孩子感受到父母的用心，也让孩子把父母的表扬与他人的表扬区别开来。

第四，当着他人的面表扬孩子，让孩子感受到父母的认可和尊重。当着他人的面批评孩子，会伤害孩子的自尊，导致孩子失去信心。当着他人的面表扬孩子，则能够让孩子感受到父母的尊重，也有利于增强孩子的自信心。

第五，借他人之口表扬孩子，尤其是借孩子崇拜的人之口表扬孩子，往往能够让孩子加倍感受到被认可和表扬的兴奋，对激励孩子、督促孩子继续更好地表现有神奇的效果。即使这样的表扬有些夸大其词，也不会让孩子骄傲，只要妈妈引导得法，反而会让孩子朝着被夸赞的样子努力发展，从而有更大的进步。

总而言之，孩子的成长离不开妈妈的鼓励和耐心的引导，作为妈妈，既是孩子的第一任老师，也是孩子成长的陪伴者，因而妈妈要更加努力用心地教育孩子，帮助孩子成长，给孩子更好的发展和未来。

沟通的方式有很多种

说起与孩子之间的沟通，很多妈妈都会感到为难，因为她们不知道如何与孩子沟通能起到更好的效果，也不知道怎样与孩子沟通才能让孩子听从建议。尤其是当传统的沟通方式不能起到良好的效果时，妈妈往往更加手足无措，甚至对教育孩子失去信心。实际上，当传统的沟通方式失去效用，妈妈不妨尝试着使用更富有现代特色的沟通方式与孩子交流。诸如微信、QQ、邮件等，都能让孩子打开心扉，也因为沟通的方式相对新鲜，会给孩子带来与众不同的全新感受，所以孩子会更愿意沟通。

除了用这些电子产品进行沟通之外，妈妈还可以尝试着复古，以写字条、亲子日记的方式与孩子沟通。这样一来，孩子就会更加积极主动地与妈妈沟通，也爱上很多新鲜的沟通方式。和面对面沟通相比，用新的方式与孩子进行沟通，往往会起到更好的沟通效果，也让沟通事半功倍。这是因为以文字的方式沟通，无须面对面，而且文字是相对理性的，不像妈妈与孩子当面沟通那样带有更多的感情色彩。在这种情况下，自然会减少冲突，也会让沟通事半功倍。

德国大名鼎鼎的教育专家卡尔曾经说过，很多时候，一些感情是适宜用语言进行沟通的，而把它们变成文字落实在纸条上，它们会变得更有分量，也显得更加真实，值得信任。在中国，也有很多父母习惯于用文字的方式与孩子沟通，诸如在文坛上众人皆知的《傅雷家书》，就是以傅雷写给孩子的信集结成册，从而也给很多父母与孩子进行文字沟通树立了典范。

妈妈与杰西的沟通陷入困境，常常是妈妈不小心哪句话说得不对，杰西马上就会非常敏感，甚至因此和妈妈大发雷霆。对于杰西的表现，妈妈很无奈，但是考虑到杰西正处于青春期，妈妈也不想和杰西有太多的冲突，为此只好想其他办法与杰西沟通。

妈妈询问了心理专家，也咨询了好几个家里有青春期孩子的同事，最终决定以文字的方式与杰西沟通。暑假的一天早晨，妈妈起床去上班，把早饭做好留在桌子上，给杰西留下小纸条："杰西，桌子上有你爱吃的茶叶蛋和豆腐脑，还有鸡汁汤包，希望你喜欢。"看到妈妈的小纸条，杰西不免感到有些惭愧：这段日子以来，我常常与妈妈闹别扭，妈妈还这么爱我。杰西当即拿起手机，给妈妈发微信："妈妈，早餐很美味，谢谢。"许久没有感受到温馨亲子关系的妈妈，不由得感动得热泪盈眶。后来，妈妈和杰西之间经常用小纸条的方式沟通，如果时间允许，杰西也喜欢用小纸条和妈妈相互留言，如果急着感谢妈妈，杰西也会用手机发信息。就这样，杰西与妈妈之间的关系得以缓和，在日常生活中进行沟通的时候，也多了几分谅解和宽容。

小纸条，就是简便的信，就是缩短和灵活化的信。对于杰西而言，当看到妈妈这样随意而有温馨的留言，他的心也似乎变得温暖起来。文字的沟通总是带有些许的神秘感，也给人不同于当面沟通的美好感受。当面对面沟通不那么顺畅的时候，不如就采取用文字沟通的方式，从而起到积极的作用和效果。

当然，随着现代通信技术的发展，除了小纸条之外，妈妈还有很多方式可以和孩子沟通。在文字的沉淀中，妈妈与孩子之间的关系会越来越亲近，亲子感情也会更加深厚。只要沟通顺畅到位，妈妈对孩子的教育和引导就会更加顺利，家庭教育也会事半功倍。

在这里，不得不提的是亲子日记。所谓亲子日记，就是爸爸妈妈和孩子共用一本日记。当然，这样的方式不能作为亲子关系紧张而临时救急之用，而是可以作为一种常规的亲子之间的文字沟通方式。爸爸妈妈可以把想对孩子说的话写在日记上，孩子也可以把想对爸爸妈妈说的话写在日记上，从而彼此之间相互理解和体谅，也了解对方的情绪和感受，因而能够起到有效促进亲子沟通的效果，对于改善亲子关系、增进亲子感情效果显著。

第5章

妈妈不抱怨，孩子不浮躁

妈妈的抱怨，会让孩子缺乏自信，也会让孩子在面对人生的时候，多几分忐忑，少几分安然。明智的妈妈，会努力管理好自己的情绪，从而也给孩子带来安全感，让孩子在妈妈的陪伴下，面对成长过程中的诸多坎坷磨难时，始终淡定从容，绝不紧张焦躁。

谨言慎行，言语宽和

荀子曾经说过，与人善言，暖于布帛，伤人以言，深于矛戟。这句话告诉我们，语言的力量是非常强大的，宽容地与人沟通，还是苛刻地与人交流，往往会对他人产生很大的影响。正如人们常说的，语言是一把双刃剑，运用得好，就能产生惊天动地的力量。运用得不好，则人们会在一时痛快之后，感到沮丧绝望，也让他人受到深深的伤害。

在亲子沟通中，很多妈妈都会因为孩子一时犯错，或者觉得孩子无法达到妈妈的标准，因而对孩子怀着懊恼的情绪，甚至指责孩子。当怒火来袭时，还会因为歇斯底里而口不择言，不得不说，这都是妈妈给孩子带来的伤害。看到这里，妈妈也许觉得很委屈：作为妈妈，我们都是非常爱孩子的，怎么会伤害孩子呢？的确，妈妈很爱孩子，谁又能说伤害只来自恨呢？在很多家庭教育中，妈妈都会因为爱孩子，而无形中以爱的名义伤害孩子，都是因为妈妈不懂得与孩子的相处之道，也不懂得与孩子沟通的技巧。

一直以来，妈妈对于亚丽的要求都很高。因为妈妈和爸爸都是普通的工人，所以妈妈总是对亚丽说："亚丽啊，我和爸爸都是吃了没有文化的亏。你一定要好好学习，将来考上名牌大学，也给我和爸爸的脸上增光。"亚丽很清楚自己不是在学习方面特别有天赋的孩子，因为她已经非常努力了，成绩却始终保持中等水平，很难进步。有的时候，遇到考试的题型比较灵活，难度加大，亚丽的考试成绩还会退步。每当这时，妈妈就会训斥亚丽："亚丽，你真是个笨蛋啊，你看看，楼上你爸爸单位的哥哥姐姐们学习都非常好，怎么就有你给我们丢脸呢！"

在妈妈的批评和训斥声中，懂事的亚丽总是感到很残酷，也因此而否定自己，对自己信心全无。原本，亚丽还想通过努力改变命运，但是日久天长，亚丽就感到很困惑：我到底要如何做，才能让妈妈满意呢？当妈妈训斥的次数变多了，亚丽索性破罐子破摔，再也不愿意努力了。

妈妈们永远也不会知道，她们无意间因为情绪冲动说出的一些话，将会给孩子内心带来怎样的伤害，导致孩子在成长的过程中面临怎样的困境。孩子还小，人生经验不足，对于自己也没有客观公正的认知，所以他们往往信任和依赖父母，也通过父母对他们的评价，认知和衡量自己。尤其是作为妈妈，在家庭教育中肩负着重要的责任，也总是与孩子亲密相处，对于孩子的影响就更深远。在与孩子相处的过程中，在引导孩子不断成长的过程中，妈妈一定要谨言慎行，才能最大限度给予孩子积极的影响，也助力孩子的成长。

每当对孩子歇斯底里地大发脾气，说出完全失去控制的话来，妈妈就会很后悔。然而，这个世界上没有后悔药可卖，说出去的话更是如同泼出去的水一样，没有挽回的余地。妈妈们要是想避免这样的情况发生，就一定要控制好自己的情绪，尤其是不要把对着孩子恶言恶语变成一种习惯，否则就会出乎自然，在不知不觉之间一而再再而三地伤害孩子。即使被气昏了头，也不是妈妈对孩子的言行举止失去理智的借口和理由。对于年幼的孩子而言，妈妈的认可和鼓励，妈妈的信任和赞许，是他们在人生道路上不断前行的动力，也是孩子在遭遇坎坷和挫折时的巨大的支撑力量。

指责和抱怨，对解决问题无益

语言沟通是一门艺术，说话人人都会，真正会说话的人却少之又少。从动物本能的角度而言，每个妈妈都可以扮演好妈妈的角色，但是从教育的角度去探求，则很少有妈妈能把教育孩子的责任完全承担起来，做得恰到好处。面对孩子的成长不尽如人意，面对孩子的言行举止不符合规矩和礼貌，面对孩子烂泥扶不上墙的学习成绩，妈妈对于孩子总是充满指责和抱怨，根本不能积极主动地解决问题。

正如一句网红语所说，如果笑着也是一天，哭着也是一天，你为何不笑着度过人生的每一天呢？同样，如果指责和抱怨也是一天，坦然相对、积极处理也是一天，为何不积极主动地解决问题呢？妈妈对于孩子就要怀着这样的心态，而且要认识到很多时候孩子犯错误并非是因为故意，而是孩子成长的规律所决定的。孩子还小，缺乏人生经验，也没有足够的智慧解决人生中的很多难题。妈妈一定要多多引导孩子，也要意识到错误正是孩子进步的阶梯，才能远离抱怨，让孩子以积极的态度面对人生，也以最有效的方式解决人生中出现的诸多问题。

细心的妈妈会发现，也许一开始的时候吼叫还能因为声音高，对孩子起到震慑的作用，但是随着不断的成长，孩子的自我意识越来越强，他们必然不愿意继续忍受妈妈的吼叫，也会因为各种微妙的心理状态，反而对妈妈越发叛逆。在这种情况下，妈妈继续吼叫除了让自己声嘶力竭之外，对于解决问题没有任何好处，更无法起到预期的效果。明智的妈妈不会对孩子歇斯底里，而是会控制好自身情绪，不随意指责和抱怨孩子，而心平气和地与孩子沟通，对孩子的成长和发展起到积极的影响作用。

期末考试，小宇拿着成绩单回家。看着成绩单上一片红灯笼，妈妈不由得怒火中烧，恨不得狠狠地揍小宇一通。但是看着即将和自己一般高的儿子，妈妈很清楚自己打不动小宇了。虽然挨揍是免除了，但是挨骂可免不掉，毕竟对于妈妈而言，怒斥小宇比揍小宇要轻松省力，也要安全很多。最重要的是，妈妈要通过这种方式激励小宇不断努力，持之以恒地进步。

妈妈开始发挥河东狮吼的功力，对着小宇大喊大叫："小宇，你觉得你拿回来这样的成绩单对得起谁呢？你对得起我每天辛辛苦苦给你做饭吗？你对得起我花那么多钱给你报名上课外班吗？你真是丢死人了，完全对不起我和爸爸的苦心。"小宇赶紧表态："妈妈，我下次一定努力！"不听这话还好，一听到这话，妈妈更加失控："下次，下次，下次！你说了多少次下次了，你以为下次是护身符，能够每次都保佑你吗？你还有脸说下次，你上次是怎么说的，自己早就忘记了吧？！你再说几次下次，高考都要结束了，一辈子彻底玩完，还有几个下次可以说呢？"小宇感到妈妈的话很刺耳，但是他没有其他话可以说，只好保持沉默。

看着小宇的"怂样"，妈妈呵斥道："现在——立刻——马上！赶紧吃饭，写作业！不要让我看到你继续这样吊儿郎当的样子！"小宇翻着白眼看了看妈妈，马上又低下头，灰不溜秋地走了，在他身后，一路散落的还是有他破碎的自尊心。

在这个事例中，虽然小宇的考试成绩不好，但是作为妈妈，对于小宇的这番挖苦讽刺，也的确有些过了。并不是每个孩子都擅长学习，也天生就是学习的材料，当孩子在学习上不尽如人意的时候，妈妈要注意思考孩子的学习成绩为何始终不能提升。如果孩子天生就不擅长学习，那么妈妈可以挖掘孩子身上的闪光点，激励孩子持续进步。如果孩子是因为厌倦学习或懒惰、贪玩导致学习成绩下滑严重，那么妈妈也要尊重孩子的天性。总而言之，像事例中的妈妈一样给孩子贴上负面标签，严重打击孩子自信心的行为，是坚决不可取的。当妈妈总是对孩子嘲笑、挖苦、讽刺，渐渐地，孩子就会疏远妈妈，也会对妈妈的爱产生质疑。

妈妈应该知道，好孩子都是夸出来的。作为妈妈，不要吝啬夸奖孩子，也不要总是对孩子的成长没有信心。试想，如果生养孩子的妈妈都对孩子感到绝望，失去信心，还有谁能相信孩子，给孩子真诚的鼓励和莫大的力量呢？还有些孩子心智开化较晚，父母就更应该对孩子有耐心。每个孩子都是一朵花，都有自己的花期，究竟何时绽放，既不由孩子说了算，也不由父母说了算，而是由孩子的成长节奏决定的。

妈妈除了要怀有满腔对孩子的挚爱之外，还要有智慧，从而才能成功地启迪孩子，给予孩子积极有效的引导和建议。当孩子出现问题的时候，妈妈切勿夸大其词，而是本着尊重事实的态度给予孩子积极的引导，并且避免对孩子冷嘲热讽，从正面明确地给孩子指出怎么做才是正确的，才是更优秀的。当然，针对孩子的错误，妈妈也不要过分放大。教育孩子时，妈妈要始终坚持就事论事的态度，才能把事情说清楚，也才能避免因为过分夸大和放大事实，导致孩子受到无形的伤害。

妈妈要记住，每个孩子都是从天堂坠落凡间的天使，他们要学会在凡尘俗世间生存，需要经历漫长的过程。既不要催促孩子，更不要因为孩子接二连三的错误而懊恼，唯有最大限度打开孩子的心扉，妈妈才能给予孩子从容的对待，也真正帮助孩子健康快乐地成长。

有的放矢，让赞赏打动孩子

如今，教育观念不断更新，赏识教育成为很多父母和教育专家、学者都提倡的教育方式。特别是在家庭教育中，父母更要学会赏识孩子，才能让孩子因为得到父母的赞赏而更加充满自信，也获得成就感，从而对于自己未来的人生充满信心。如果父母作为孩子最亲近和信任的人，都不愿意赞赏孩子、肯定孩子，则只会导致孩子自卑、沮丧，对于人生缺乏信心。此外，很多孩子的自我评价能力还有所欠缺，为了评价自己，他们不得不参考父母对他们的评价和意见。如果父母对孩子评价过低，孩子就会很失望，如果父母对孩子评价过高，孩子又会得意忘形，沾沾自喜。从这个角度而言，父母的评价对于孩子的影响是至关重要的，很有可能直接决定了孩子的自我评价，因而父母一定要更加尊重和认可孩子，也要发自内心地欣赏孩子。

作为孩子的主要教育者和亲密陪伴者，妈妈在家庭教育中承担着更重要的角色和更艰巨的任务。遗憾的是，并非每一位妈妈都能恰到好处地赞赏孩子，她们或者总是犯形式主义的错误，把赞赏孩子的空洞之话挂在嘴边，或者在赞赏孩子的时候语言表达不到位，不能让赞赏真正打动孩子的心灵。其实，赞赏对于孩子的成长固然是有益的养分，但是不恰当的赞赏对于孩子而言就像鸡肋，食之无味，弃之可惜，最终让孩子变得麻木。任何好的教育方式，都要选择合适的时机，以最恰当的方式发挥出来，否则就会失去效果。当然，也要把握好使用的频率，保证每一次使用都是真情流露，而不要流于形式。妈妈一定要记住，并非针对每个孩子每种情境，都可以漫不经心地说一句"你真棒""你是最优秀的"。举例而言，如果孩子在比赛中失利，父母也以"你是最优秀的""你真棒"鼓励孩子，不觉得对于当时的情境是一种讽刺吗？在这种情况下，如果泛泛而谈夸赞孩子，还不如用心细致地发掘孩子身上的闪光点，也切实中肯地为孩子分析问题的所在，找到孩子的优劣势，这样反而更容易让孩子接受。由此可见，赞赏孩子绝不要睁着眼睛说瞎话，否则就会起到事与愿违的效果。

此外，妈妈还要有意识地为孩子指出闪光点，因为孩子不可能是绝对完美的，他也许在某些方面非常突出，但是在某些方面也会有瑕疵和不足。父母千万不要以泛泛的赞赏而打发孩子，从而导致孩子误以为自己很棒，甚至因此而沾沾自喜，妄自菲薄，这都是很糟糕的。

作为家庭教育的主导者，作为孩子人生的监护者，作为孩子成长的陪伴者，妈妈要明确孩子的行为，从而才能理性分析和判断自己是否真的要赞赏孩子。此外，还需要注意的是，妈妈在赞赏孩子的时候，要更强调孩子的努力和用功，而不要总是夸赞孩子聪明。一个人无法凭着聪明获得成功，只有坚持不懈地努力，才能一步一个脚印地不断向前，接近人生的目标。

小时候的小宇聪明机智，长得非常可爱，虎头虎脑的，为此深得全家人喜爱。尤其是开始读小学一年级后，小宇大多考试都能考得100分，最差也能考90多分，所以妈妈常常逢人就说："我家小宇特别聪明，脑子好使，将来一定会有大出息。"渐渐地，小宇越来越骄傲自满，也常常以"我是一个聪明蛋"自居。其实，妈妈不知道，在小学一、二年级，孩子考满分或者90多分都是正常的。

众所周知，三年级是小学阶段的关键转折时期。但是，当小宇进入三年级之后还是以低年级的心态敷衍学习，他的成绩下滑很快，几乎势不可当。对于小宇的表现，妈妈感到失望极了。尤其是当小宇刚开始考试倒数的时候，妈妈根本不能接受，小宇却安慰妈妈："妈妈，没关系，你儿子是最聪明的，我很快就能考好。我只是发挥失常而已，放心吧。"然而，一切并没有像小宇所保证的那样，他的成绩一落千丈，进入班级的后进生行列。妈妈懊悔不已：每次都夸小宇聪明，他才误以为只要聪明就能进步，实际上，书山有路勤为径，学海无涯苦作舟，小宇必须非常勤奋刻苦，才能发挥自己的聪明才智，获得小小的进步。此后，妈妈有意识地给小宇灌输努力才能成功的道理，也想方设法引导小宇努力。渐渐地，小宇不再以聪明蛋自诩，也意识到勤奋才是不可取代的成功路径。

不得不说，夸赞孩子聪明，相当于害了孩子。所以明智的妈妈从来不夸赞孩子聪明，而总是给予孩子积极的建议和引导，尤其是让孩子明白只有勤奋努力才能成功的道理。此外，还需要注意的是，妈妈不要总是事无巨细地夸赞孩子。有很多妈妈在不知不觉之间滥用赏识教育，孩子吃完一碗饭，妈妈要夸赞；孩子自己穿衣服，妈妈要夸赞；孩子帮助爸爸妈妈干一些力所能及的事情，妈妈也夸赞……渐渐地，夸赞泛滥了，导致孩子误以为自己做每件事情都要得到夸赞。实际上，人生在世，每个人都有自己的责任和义务，这属于分内之事，做好这些事情很正常，根本不值得夸赞。为此，妈妈要准确界定一件事情是否值得夸赞，让孩子把很多分内之事当成日常事务，而不要不管做什么事情都奢望得到夸赞。

有些夸赞，还要带有期望，能够立足现实，展望未来。如果夸赞成为总结语，就无法对孩子起到积极的激励作用，也会导致孩子满足于此前的成就，而缺乏继续努力和进步的动力。总而言之，夸赞孩子绝不是简单容易的事情，每个妈妈都要兼顾夸赞孩子的方方面面，诸如时机、语言组织等，这样才能给予孩子成长最大的激励和最佳的陪伴。

温柔对待孩子，别让粗暴伤害孩子

很多妈妈在带养孩子的过程中都感到抓狂，因为孩子总是状况百出，让妈妈甚至完全失去自己的时间，而只能把一切的作息时间都根据孩子进行调整。有的时候，妈妈想要吃饭，孩子偏偏要出去玩；妈妈想睡觉，孩子却正精神着呢，根本不知道妈妈的疲惫；夜幕降临，妈妈好不容易才结束繁重的家务，想把孩子哄睡之后安静地喝一杯红酒，拥有哪怕10分钟的私人时间，才入睡的孩子却哇啦哇啦哭起来……这还是全职妈妈呢！如果妈妈在照顾家庭和孩子的同时还要工作，那么当妈妈急于发一个邮件，却几次被孩子打断思路；当妈妈正在与一个重要的客户通电话，孩子却在一边哭闹不休，妈妈一定感到世界末日到来了……这就是养育孩子的辛苦和无奈，孩子就是一个完全无法预知的生命个体，总是给妈妈出人意料的惊喜和惊吓。

很多妈妈在忙碌的时候，如果被孩子打扰，马上就会粗暴地拒绝孩子，甚至还会对孩子态度恶劣。不得不说，这样的妈妈陷入一个误区，即先入为主地认为孩子知道她的忙碌和没有空闲。实际上，孩子对于成人的世界根本漠不关心，也毫不了解，他只是出于本能只想亲近妈妈，依偎在妈妈温柔的怀抱里。所以说真正不讲道理的是妈妈，是妈妈没有了解孩子的生理需求和感情需求，而不是孩子没有了解妈妈。作为妈妈，对待孩子一定要非常温柔、耐心、细致，这样才能给孩子最好的对待。假如妈妈在拒绝孩子的时候，总是对孩子态度粗暴，孩子就会感到受伤，也会缺乏安全感。

子乔的妈妈是一个很容易冲动的人，尤其是情绪化严重。例如，她在不高兴的时候会给子乔提出很多严格的要求，等到情绪舒缓，又会放松这些要求，如此反复无常，导致子乔受到困扰，常常觉得不知所措。

有一个周末，子乔和妈妈一起去妈妈的朋友家里玩。妈妈和朋友很久没见面了，一见面相谈甚欢，很快天色就晚了。子乔也和小主人玩得很高兴，一抬头，看到时钟指向晚上9点钟。子乔想起妈妈头一天晚上还规定他以后必须9点上床睡觉，便当即提醒妈妈："妈妈，妈妈，马上就9点了。"妈妈有些惊愕地看着子乔，不知道子乔想表达什么。子乔看着妈妈丈二和尚摸不着头脑的样子，继续提醒妈妈："妈妈，你不是说我9点就要睡觉吗！"妈妈这才恍然大悟："这孩子，真是一根筋，今天不用9点睡觉，快玩去吧。"子乔很迷惘地又去玩耍，似乎想起妈妈头一天还坚决要求他晚上必须9点睡觉呢！这天晚上，妈妈一直和朋友聊天到10点半，才意犹未尽地带着困得睁不开眼睛的子乔回家。

次日晚上，8点半左右，子乔正在专心致志看电视呢，妈妈提醒子乔："子乔，赶紧洗漱，9点钟准时上床睡觉啊！"子乔很困惑："妈妈，我今天不能玩到10点半吗？"妈妈声色俱厉："不能！"子乔又问："我昨晚不就可以玩到10点半吗？"妈妈说："昨天是特殊情况，今天要按照规矩来。"子乔虽然小，也觉得很不公平，嘀咕道："昨天，你有事情，就不让我睡觉。今天，我也有事情，你为什么不允许我晚点儿睡觉啊！这不公平！"听着子乔的话，妈妈弹了弹子乔的脑门，对子乔说："你这个小屁孩怎么这么多事情呢！赶紧去洗漱、睡觉，不然屁股就要开花了！"

在这个事例中，妈妈的表现是不是似曾相识呢？子乔觉得不公平也完全正常，因为妈妈前后三天的表现实在太让子乔费解了，也使子乔觉得无所适从。作为妈妈，要想给孩子订立规矩，就一定要前后一致，而不要总是先把规矩订立好，又因为自己的小心情而破坏规矩，否则孩子当然也会效仿妈妈的样子去做。这样一来，妈妈再想按照规矩管孩子，可就没有那么容易了！

现实生活中，很多妈妈随心所欲，她们总是根据自己的心情去决定是否拒绝孩子，毫无计划和规律可言，没有更多地为孩子考虑，更没有试图控制自己的情绪。很多年幼的孩子对于每时每刻都处于变化中的妈妈感到非常困惑，他们不知道为何有的时候自己哪怕过分的要求也能得到妈妈的认可和通过，而有的时候自己合情合理的要求却被妈妈拒绝。别说是孩子，就算是成人面对这样一张如同川剧脸谱一样善变的妈妈，也会感到丈二和尚摸不到头脑。从心理学的角度而言，这都是因为妈妈受到情绪的影响，所以无法坚持原则导致的。举例而言，妈妈在心情好的时候，对于孩子的要求总是降低原则；当妈妈心情郁闷的时候，对于孩子的要求又总是非常苛刻地拒绝；妈妈感到对孩子的爱在心中涌动的时候，对孩子无限包容；妈妈因为各种事情感到压力山大、千头万绪的时候，她们又恨不得躲开孩子远远的，根本不想和孩子打交道。不得不说，对于一个不能自控的妈妈而言，情绪就像是五月的天，说变就变。

妈妈必须知道，孩子在成长的过程中，随着成长的不断推进，孩子也处于人生的各个发展阶段，相应地，孩子也会有不同的需求。不可否认，在众多需求之中，孩子有些需求是合理的，有些需求是不合理的，甚至还有的需求就是在无理取闹。妈妈该如何对待呢？不是说妈妈不能拒绝孩子的需求，而是说妈妈在对待孩子的需求时，要有一定的原则和规律。简言之，妈妈不要因为自身的情绪就随时调整接受孩子需求的标准，否则就会给孩子带来困惑。对该拒绝的需求，妈妈不管心情好坏都要坚持拒绝；对于孩子的合理需求，妈妈理应接受，也不要因为心情不好、内心烦躁，就给孩子不公正的对待。拥有一个情绪稳定、标准前后一致的妈妈，孩子才会得到更理性的对待，也才能拥有健康稳定的成长环境。

积极的心理暗示，让孩子努力向上

很多妈妈在管教孩子的过程中，因为习惯于批评和否定孩子，所以总是给予孩子消极的心理暗示，最终导致孩子信心全无，也让孩子压根没有动力继续保持强劲的势头奋发向上。这是因为孩子最信赖和最亲密无间的人就是妈妈，当妈妈给予孩子负面评价，甚至给孩子贴上负面标签，孩子马上就会觉得非常沮丧失望。作为妈妈，一定要记住，不管孩子具体表现如何，也不管孩子是否能够满足妈妈对于孩子的期望，妈妈都要积极地鼓励孩子，给孩子积极的心理暗示，这样孩子才能从妈妈的认可与赞赏中汲取精神力量，也因此开足马力，奔向人生的大好前程。

曾经，西方的一位心理学专家去一所学校里进行心理学实验。他在这所学校里随机抽取了20名学生，然后又针对全校孩子进行各种测试，最终当着全校师生的面宣布说："这20名孩子，是我经过层层筛选，选拔出来的独具天赋的好苗子。他们一定会有很好的前途和未来，前程不可估量。"实际上，心理专家所说的这20名孩子，就是此前随机抽取的20名孩子，只不过随机抽取的秘密只有心理专家知道。此后，在对这20名孩子进行跟踪调查的过程中，心理专家发现这20名孩子都在学习方面有了突飞猛进的发展，也获得了不俗的成就。从学校毕业走出社会后，这些孩子也都进入社会高层，成为社会生活中各个领域的精英人才。这就是积极的心理暗示所带来的强大力量。在西方国家，居里夫人小时候，也曾经被一个女巫预言将来会成为世界伟人。事实证明了什么？证明这个女巫的预言非常准确吗？与其说这个女巫预言准确，不如说居里夫人得到积极的心理暗示，所以才能努力奋进，最终做出让世界震惊的伟大成就。

从心理学的角度说，积极的心理暗示给人以向上的力量，催人奋进；消极的心理暗示给人以消极的力量，让人在奔向成功的道路上遭遇困境和阻碍。作为妈妈，在教养孩子的过程中一定要多多激励孩子，给孩子积极的心理暗示，这样才能不断地增强孩子的力量，让孩子充满信心地奔跑在人生的道路上，给予孩子人生积极的体验。那么，作为妈妈，如何在现实生活中给孩子更多的积极关注，从而给予孩子积极的心理暗示呢？

首先，妈妈要积极地关注孩子。还记得央视主持人周涛吗？周涛是一位非常优秀的主持人，曾经连续16年主持春晚。后来，周涛淡出舞台，原因就是她的女儿患有自闭症。这都是因为爸爸忙于做生意，妈妈忙于舞台，导致孩子从小就跟着祖辈成长，得不到父母的关爱和悉心照顾导致的。周涛对于女儿非常愧疚，因而当即决定在事业如日中天的时候选择退居幕后，此后带着女儿四处问诊求医，也尽可能用所有时间陪伴女儿。妈妈的陪伴是对女儿最好的良药，也是滋润女儿干涸心灵的甘霖。在周涛的陪伴下，女儿的自闭症渐渐好转，恢复了正常。给孩子积极的关注，还表现在面对孩子的时候情绪稳定，给孩子笑容，并用心陪伴孩子。妈妈需要注意的是，不要因为关注孩子，就对孩子提出额外的或者过高的要求，否则就会导致孩子很困惑。妈妈对孩子的爱应该是无私的，孩子也只有感受到妈妈无私的爱与积极的关注，才会真正快乐。

其次，妈妈要给孩子积极的心理暗示，帮助孩子获得心灵的力量，这才是有助于孩子成长的。很多妈妈对于孩子的爱尽管很深厚，但是她们爱的方式却不正确。举个简单的例子，当孩子摔倒时，有的妈妈会当即上去扶起孩子，还会对孩子说："宝贝，磕疼了吧！都怪这地不平坦，我们踩它几脚，好不好？"说着，妈妈还会带头在地上踩脚，孩子也有样学样，把自己摔跤的责任完全推到大地身上。这样一来，妈妈就给了孩子消极的心理暗示，日久天长，孩子在发生问题的时候就会责怪他人，推卸责任，导致缺乏担当，也没有勇气承担责任，进行自我反省。

相比起这种方式，有的妈妈做法很正确。她们看到孩子并无大碍，不会着急去扶起孩子，而是等着孩子自己爬起来。看到孩子哭泣，妈妈还会耐心地告诉孩子："宝贝，走路的时候一定要小心啊，你看看，刚才就是这块小石子绊倒你的。不过，小石子是不会动的，所以它没有办法给你让开路。走路的时候，你就要自己绕开小石子，才能不被摔倒，知道吗？"妈妈也许会帮助孩子揉一揉摔疼的膝盖，但是绝不会欺骗孩子一切都怪无辜的小石子。这样一来，孩子尽管没有得到妈妈的哄骗，也因为自己倒霉摔跤而懊丧，然而日久天长，孩子不但知道如何避免摔跤，也会养成勇敢进行自我反思、承担责任的好习惯，这对于孩子的一生都将会起到积极的作用。

从心理学的角度而言，妈妈的言行举止都会给孩子带来深远的影响，尤其是当妈妈有意识地对孩子进行积极的心理暗示，更是会让孩子在不知不觉中就养成好性格，形成良好的思维习惯，也变得更加坚韧顽强，在人生的道路上勇往直前。当然，要想给予孩子积极的心理暗示，前提条件是妈妈自身应该是一个积极乐观的人，如果妈妈自身就是悲观沮丧的，又如何能够顺其自然、水到渠成地引导孩子从积极的方面思考和解决问题呢？！给孩子积极的心理暗示，分为积极的语言暗示和积极的非语言暗示。所谓语言暗示，顾名思义就是发挥语言的力量，告诉孩子如何才能振奋精神，如何坚持才能最终战胜困难；而非语言暗示，则是用眼神、表情、肢体动作等，暗示孩子，也可以抚摸孩子的头，或者是拍拍孩子的肩膀，这些都能让孩子在无形中感受到来自妈妈的力量。当孩子情绪特别低落的时候，妈妈还可以像孩子小时候一样，张开怀抱把孩子抱在怀里，相信妈妈久违的温暖怀抱，会给任意年龄段的孩子带来内心的安静和坚韧不拔。

第6章
妈妈懂感恩，孩子有孝心

昨天在微信朋友圈看到一篇文章，大概意思就是说医院是检验人性的地方。的确，在生死面前，很多虚伪都是被褪去外衣，变成赤裸裸的残酷。现代社会，经济腾飞，物质生活水平也越来越高，但人与人之间的真情和关爱似乎少了。要想提升孩子的幸福感，妈妈就要注重培养孩子的感恩之心，因为孩子唯有拥有感恩之心，才能对这个世界充满热情关爱，也才能在与他人的互动之中体会到人性的高尚和人心的美好。

心中有爱，孩子才能幸福快乐

大名鼎鼎的英国教育家夏洛特·梅森曾经说过，每个孩子的心中都有爱的源泉，爱从泉眼中汩汩而出，不断地向外流淌。妈妈在教养孩子的过程中要拥有关于爱的美好品质，才能让孩子的爱之心泉不闭塞，流动向前，永葆生机。的确，孩子心中的爱与妈妈的教养密切相关，只有心中有爱的妈妈，才能养育出心中有爱的孩子，也只有心中有爱的孩子，才能真正收获人生的幸福快乐。爱就像是甘露，滋润孩子的心田，让爱的种子在孩子心中不断地生根发芽，成长为一片茂密的爱之森林。

培养孩子的爱心，让孩子心中始终有爱，对于妈妈而言并不是轻轻松松就能做到的。孩子要经常感受到爱的流淌，也要在爱的喜悦之中发现生命的真理，感悟生命的真谛。很多父母在孩子长大成人之后，抱怨孩子缺乏爱，却没有反思作为父母是否从孩子小时候起就培养孩子的爱心。孩子对这个世界的爱不是与生俱来的，他们要感受到世界的美好，也要从父母身上看到爱的影子，才能得到爱的启蒙。一个孩子如果连父母都不爱，就不会爱身边的人，更不会爱陌生人，也不可能爱这个世界。由此可见，妈妈要想培养孩子的爱心，首先要让孩子对十月怀胎、辛苦孕育他的妈妈心怀感激，从而再让孩子从小爱到大爱，从自私的爱到无私的爱，也把爱的精神发扬光大，把爱的感情如同甘霖一般洒满人间。

很多妈妈都曾经见过河流，也知道河流必须保持流动的状态，才能日日长新。所谓流动，指的是河流既有源头，也有去向。相比起流动的河流，闭塞的池塘则很容易成为一潭死水，变得死气沉沉，毫无生机。孩子的爱之泉何尝不是如此呢？爱也应该是流动的泉水，而不要是一潭死水，否则就会成为变质的池塘。遗憾的是，现实生活中，很多妈妈都非常溺爱孩子，她们一味地把自己的爱输入给孩子，而从来不向孩子索要任何回报，结果孩子的爱之泉变成了从不流动的死水，渐渐地，孩子对于爱的感知能力和输出能力会越来越差。等到父母需要孩子付出的时候，孩子已经养成只知道索取、不知道付出的坏习惯，娇纵溺爱孩子的父母也就不要抱怨孩子了。

明智的妈妈不会让孩子的爱之泉变成死水，她们在对孩子无私付出的同时，也常常教会孩子付出爱，回报父母的爱，还让孩子形成爱的好习惯。相比起很多妈妈总是告诉孩子"我对你的爱是不求回报的"，明智的妈妈却常常启迪孩子："宝贝，妈妈现在很爱你，陪着你长大，等到妈妈老了，你也陪着妈妈，带着妈妈去妈妈想去的地方，好不好？"稚嫩的孩子一定会回答好，当妈妈问的次数多了，他们也就觉得这一切都理所当然，顺其自然，因而做起来的时候也不觉得是额外的负担。相反，假如妈妈让孩子学会伸手索要，从来不会付出，孩子即使长大成人也不愿意回馈妈妈。

很多妈妈生病的时候，总是告诉孩子："宝贝，妈妈没事，妈妈很好……"等到妈妈老了，遭受病痛的折磨，面对一个甚至不知道要把她送进医院的孩子，又该如何自处呢？此时此刻，一切的抱怨都毫无意义，因为恶果已经酿成。明智的妈妈会向孩子示弱，也会在孩子不知所措的时候，告诉孩子应该怎么做。例如，妈妈生病了，很难受，可以告诉孩子："妈妈很难受，你可以给妈妈倒杯水吗？""妈妈发烧了，浑身发冷，需要多盖一床被子，你可以给妈妈拿来吗？"在妈妈耐心的教育和引导下，孩子的爱在源源不断地输入，也许一开始孩子很小，爱的能量也很少，但是随着孩子不断成长，他们的力量越来越强大，他们爱的能量也会更多。这个时候，孩子理所当然为父母支撑起一片天空，给予父母最好的晚年生活。所以作为父母，不要抱怨孩子不懂得心疼父母，不懂得照顾父母。当孩子对父母表现冷漠，甚至不知道如何为父母做一些小事的时候，父母首先要反思自我，才能明白孩子爱的教育为何缺失。

很久以前，有个妈妈特别疼爱孩子。每当有了好吃的，妈妈总是把所有好吃的都留给孩子，自己连尝也不尝一口。一开始，孩子有了好吃的还会给妈妈吃，在妈妈一次又一次拒绝之后，孩子有了好吃的再也不问妈妈，连让都不让妈妈。等到长大成人之后，孩子娶了媳妇，对媳妇也很好，有美食都知道与媳妇分享，唯独对妈妈，从来不知道妈妈已经老了，需要孝敬妈妈。妈妈说起孩子的薄情寡义就很懊恼，却不知道孩子对妈妈的专属冷漠，都是因为妈妈曾经一次又一次熄灭了孩子心中对妈妈爱的火焰。

还有一位妈妈，也很疼爱孩子，拼尽全力为孩子创造最好的成长条件。但是，这个妈妈总是被人批评很馋，到底是为什么呢？原来，在生活条件艰苦的年代里，每当有了好吃的，孩子都会送给妈妈品尝，妈妈总是毫不客气地狠狠咬下一大口，香甜地吃完。不知情的人就说妈妈馋嘴，孩子那么缺衣少食的，还要从孩子嘴巴里夺食。然而，孩子长大之后非常孝敬妈妈，拿了第一个月的工资就给妈妈买吃的穿的，后来即使成家立业，有了自己的孩子，也决不允许孩子先吃好吃的，而是把好吃的先孝敬给妈妈吃。

从这两个妈妈的教育方法和人生的收获上，我们不难看出，前者完全是在溺爱孩子，以牺牲自己去为孩子付出，最终换来的不是孩子加倍的回报，而是孩子的薄情寡义。事实正是如此，当孩子心中的爱开始萌芽，妈妈就要用心保护好这棵爱的小苗，不断地培养小苗成长，孩子才能成为有爱心的人，也才懂得孝敬父母的道理。就像第二个事例中的妈妈，把孩子送来的美食真正品尝一口，让孩子形成付出爱的能力，这不但有助于培养孩子爱的品质，对于孩子的人生也会起到积极的作用。孩子唯有爱父母，才能把这份爱扩大到身边其他人的身上，从而给予他人更好的对待。这对于孩子的成长有很大的好处，对于孩子的一生也影响深远。

爱是一种能力，也是为人至高无上的品质，更是人生道路上感受幸福和快乐的必备条件。爱是付出，也是获得，唯有会付出爱的人，才能收获幸福快乐。父母再爱孩子，也不要对孩子的付出毫无限度，父母唯有学会向孩子索取，才能让孩子心中爱的火焰燃烧得更加灼热。为了让孩子爱的能力更强，妈妈还要学会向孩子示弱。细心的妈妈会发现，当妈妈懒惰一些，柔弱一些，孩子反而更加独立自强。反之，如果妈妈非常强势和强悍，代替孩子做一切决定，也代劳孩子做每件事情，则孩子就会在生活中表现得很无能，甚至还会缺乏主见，导致在人生的道路上走很多的弯路。妈妈要知道，妈妈即使再爱孩子，也不可能永远陪伴在孩子身边。明智的妈妈会教给孩子爱他人的能力，也会教给孩子以爱之道更好地生存的能力。

好妈妈不会溺爱孩子，更不会无限度地对孩子付出。妈妈的爱适度，孩子的爱之泉才能成为流动的活水，滋润孩子的心田，孩子也才能具备爱人的能力，从而拥有充满爱的人生。

给孩子树立感恩的榜样

　　孩子并非生而就有感恩之心，唯有在后天的成长中接受感恩的教育，也处于感恩的环境之中，孩子才会渐渐地学会感恩。孩子的模仿能力是很强的，在一个故事里讲到，父母对于爷爷态度恶劣，因为嫌弃爷爷脏，又怕爷爷把碗摔碎，所以给爷爷准备了一个不会摔碎的木碗，让爷爷每到吃饭的时候，就端着木碗自己在厨房吃。有一天，爷爷险些把木碗摔碎，妈妈咒骂爷爷，孙子就对妈妈说："妈妈，你快看看爷爷的木碗摔碎没有。"妈妈不解，问道："儿子，你什么时候变得这么节俭了？"孙子说："不是啊，我主要是担心木碗摔碎了，将来你和爸爸就没有碗吃饭了。"妈妈意识到孩子正在向他们学，将来也会像他们对待爷爷一样对待他们，不觉得万分羞愧，也很担心，当即就改正对待爷爷的态度。由此可见，如果父母不知道感恩，孩子是不会懂得感恩的。

　　孩子在后天的成长中能否拥有感恩之心，与孩子所处的成长环境密切相关。妈妈一定要从小就注重培养孩子的感恩之心，让孩子知道每个人都要懂得感恩，才能收获幸福与快乐的道理。常言道，妈妈是孩子的第一任老师，孩子也在潜移默化中受到妈妈言行举止的影响，所以妈妈一定要给孩子树立好的榜样，以身示范，告诉孩子什么是感恩。当妈妈当着孩子的面孝敬老人，尊老爱幼，乐于助人，孩子也会更加宽容和豁达，对人不但慷慨地伸出援手，而且滴水之恩，涌泉相报。

　　有一个工作日，妈妈带着豆豆去医院体验。因为是工作日，又恰逢上班时间，所以地铁上人很多。妈妈带着豆豆上车之后，发现车上连站立的地方都没有。正在这时，一个年轻人看到豆豆，赶紧站起来把座位让给豆豆。豆豆高兴地坐下去，妈妈提醒豆豆："豆豆，快谢谢叔叔，叔叔把座位让给你，自己站着，他也很累呢！"豆豆很听话，当即对让座的年轻人表示感谢。

从医院回家的时候，豆豆和妈妈在始发站坐车，每个人都有一个座位。豆豆高兴极了，对妈妈说："妈妈，太好了，我们都有座位。"行进几站之后，车上上来一位挺着大肚子的孕妇。妈妈赶紧对豆豆说："豆豆，快把座位让给阿姨坐，阿姨肚子里有小宝宝。"豆豆显然有些不愿意，极不情愿地对妈妈说："妈妈，我也很累啊。"妈妈教育豆豆："豆豆，今天来的时候，是不是有个叔叔把座位让给你了。现在，阿姨也需要帮助，你是不是应该帮助阿姨呢？"豆豆很困惑："但是，不是阿姨把座位让给我的啊。"妈妈耐心地向着豆豆解释："豆豆，虽然不是阿姨把座位让给你的，但是你早晨已经接受了叔叔的爱心，就要把这份爱心传递下去，知道吗？"

豆豆觉得妈妈说得有道理，先把座位让给阿姨之后，坐到妈妈怀里，继续问妈妈："妈妈，怎么做才能传递爱心呢？"妈妈温柔地对豆豆说："传递爱心就是像你这样，你早晨接受了叔叔的爱心，现在又把爱心向着阿姨传递出去。等到阿姨有机会的时候，还会帮助其他的陌生人，这样爱心就像接力棒一样，不停地传递下去。"豆豆似懂非懂："那么，我还可以把爱心传递给其他人吗？""当然！"妈妈告诉豆豆，"爱心就像是动画片里的孙悟空一样，是可以分身的。你把爱心复制出来很多，给阿姨一个，再给其他很多人，等到其他人再复制爱心传递出去，整个世界都会充满爱心。"豆豆高兴地呼喊："啊，那可太好了！世界就发财了，有那么多爱心。"旁边的阿姨对着妈妈竖起大拇指："您把孩子教育得真好，我也要向您学习。"

孩子的模仿能力很强，妈妈充满感恩、乐于助人的行为，孩子会模仿，妈妈的很多不良言行，孩子也会模仿。这是因为孩子还小，没有甄别能力，那么就要求妈妈为孩子创造一个健康向上的环境，让孩子茁壮成长。

一个懂得感恩的孩子，在与人相处的过程中，总是会真挚地感谢他人，也会慷慨地帮助他人。不懂得感恩的孩子总是贪得无厌，而懂得感恩的孩子才能珍惜自己所有的一切，也才能为营造充满爱的世界贡献属于自己的一份力量。有人说，父母是孩子的第一任老师，有人说，孩子是父母的镜子。父母要想让孩子有爱心，就要引导孩子学会感恩，也要教会孩子以感恩之心对待这个世界。当然，感恩之心的培养要循序渐进，在日常生活中，妈妈就要有意识地教会孩子说"谢谢"，也告诉孩子时刻关注他人的需求，主动地对他人付出。

孩子拥有感恩之心，就会发自内心地尊重他人，对于自己已经拥有的一切心存感激。这样的孩子不会被欲望驱使，更不会陷入欲望的深渊之中无法自拔。可以说，拥有感恩之心不但让孩子懂得付出，感恩所有，也让孩子领悟生命的真谛，真实感受生命的悸动。培养孩子的感恩之心，妈妈要从现在做起，从小事做起，从细微处着手，唯有如此，孩子才会把很多责任和义务都承担起来，也才能在生命之中尽情尽力地绽放精彩。

赠人玫瑰，手有余香

在独生子女政策推行的几十年里，人口增长虽然得到有效的控制，但是由此衍生出的很多问题也不容小觑。近年，为了让劳动力更多，延缓进入老龄社会的速度，国家又放松了生育政策，鼓励生养二胎。然而，作为独生子女一代的父母——80后、90后，却很犹豫，甚至主动放弃生二胎的机会。这是为什么呢？原来，这些80后、90后，自己就是独生子女，已经习惯每个家庭只有一个孩子的模式，所以他们并不觉得自己需要更多的孩子。这就是独生子女的后遗症，让习惯了当小皇帝、小公主的孩子在成为爸爸妈妈之后，也想让自己的孩子继续享受这样的待遇，而不会被剥夺集万千宠爱于一身的权利。

在独生子女家庭里，大多数孩子习惯了衣来伸手、饭来张口。而父母和祖辈，因为独特的4-2-1家庭结构，使全家人都看着这一个孩子，孩子简直就是命根子，所以也总是不计条件地对孩子处处满足，处处顺从。渐渐地，孩子误以为整个宇宙都是围绕着他们转动的，由此在不知不觉中养成以自我为中心的思维习惯。等到成年之后走入社会，他们身上也明显地表现出自私、骄纵的性格特点，使得生活和工作都面临很大的困境，无法开解。

不管是独生子女家庭，还是少见的二胎家庭、罕见的三胎家庭，妈妈在教育孩子的过程中，都要注重培养孩子给予的习惯。当孩子在漫长的成长过程中习惯了手心向上地索取，而忽略了手心向下地给予，未来长大成人走入社会之后，他们必然受到社会残酷的惩罚。所以妈妈要未雨绸缪，既为了完善孩子的品格，也为了孩子将来漫长的人生之路考虑，要有意识地培养孩子给予的好习惯。

孩子怎样才会主动给予他人呢？首先，要让孩子意识到，这个世界上，没有任何人应该无缘无故地对他们付出，尤其是要让孩子意识到，并不是他们想要得到什么就能得到什么的。也要教会孩子拒绝，例如对于陌生人给他们的东西，孩子应该拒绝；对于自己想要但是却不属于自己的东西，孩子应该学会控制想要的欲望，或者即使得到馈赠的时候，也要拒绝。其次，教会孩子滴水之恩，当涌泉相报。只有懂得感恩的孩子，才会把从他人那里得到的爱与帮助传递出去。最后，教会孩子赠人玫瑰，手有余香。这就是教会孩子主动付出，让爱洒满人间。在这个观点上，很多妈妈因为害怕孩子吃亏，因而在潜意识的驱使下，向孩子传递明哲保身的人生观念。殊不知，每个人都是社会的一员，都在人群中生活，都要接受他人的给予，也要对他人付出。正如法国名著《三个火枪手》中火枪手的口号一样，"人人为我，我为人人"。在日常生活中，妈妈要鼓励孩子主动对他人施以援手，也要积极地支持孩子帮助他人。在必要的情况下，妈妈还要以身示范，抓住各种机会向孩子展示如何帮助他人，所谓身教大于言传，相信当妈妈这么做的时候，孩子一定会有所触动，行为表现也会更上层楼。

总而言之，每个人都不是孤立的人，每个人唯有融入社会生活之中，才能让自己的力量汇聚入人群的力量，也才能与身边的人抱团取暖，齐心协力度过很多艰难的时刻，超越很多看似无法逾越的困境。

在一个寒冷的冬日里，一个瘦弱的小男孩在凛冽的寒风中，顶着鹅毛大雪艰难地前行。男孩又累又饿，而且感受到彻骨的寒冷。从早晨到现在已经过午，男孩只是从家里出门之前喝了一杯凉水而已。原来，男孩是在挨家挨户地推销产品，努力为自己筹集下个学期的学费，但是他从早晨到现在都没有卖出去任何东西，为此，他万念俱灰，暗暗决定放弃继续上学，只想尽早结束这一切，回到四壁漏风的家里，哪怕只能喝一口温热的面糊也好啊！

男孩想念着那个并不温暖的家，脚步愈发沉重。他觉得马上就坚持不住了，当看到前面不远处有一户人家时，男孩当即决定去讨要一杯热水。男孩艰难地走到这户人家的门前，开始敲门。时间过去了很久，才有一个女孩打开门。男孩瑟缩着，用冻得僵硬的嘴巴费劲地问女孩："请问，可以给我一杯热水吗？"女孩看出男孩饥寒交迫，当即点头答应，然后快步走回屋子里。五六分钟后，女孩才端着一大杯热牛奶出来。男孩双手捧着这杯热牛奶，心中忐忑不安：这杯牛奶需要多少钱呢？我的口袋里只有一角钱，根本不够付这杯热牛奶的。男孩一口一口，慢慢地喝完这杯牛奶，女孩始终微笑着站在一旁，看着男孩。男孩喝完牛奶，对女孩说："很抱歉，我的钱不够支付这杯牛奶的费用。请您告诉我这杯牛奶多少钱，改天我把钱送给您。"女孩笑着说："牛奶不要钱。奶奶告诉我，赠人玫瑰，手有余香，能帮到你就是最好的。"男孩再三感谢，告别女孩，此时此刻，他感受到来自心底的温暖，也浑身充满了力量。他暗暗告诉自己："我一定要努力读书，改变命运！"

若干年后，女孩身患怪病，不得不来到省城大医院治疗。医生们针对女孩的病展开会诊，当大名鼎鼎的爱德华医生看到女孩的家乡地址时，突然心中一动。他赶紧去病房看女孩，隔着病房的门，就看到了女孩和当年一样的笑。爱德华当即与其他医生制订了缜密的治疗方案，对女孩展开治疗。两个月后，女孩的身体终于恢复健康，准备出院的她忐忑不安，因为她很害怕自己哪怕砸锅卖铁，也付不起昂贵的医疗费。接过护士递过来的费用清单，女孩不敢看最后的总费用栏目。等到她终于鼓起勇气看着总费用那个栏目，发现上面赫然写着："医药费，一杯牛奶。爱德华医生。"女孩热泪盈眶。

在当年帮助那个饥寒交迫、瑟瑟发抖的小男孩时，女孩一定没有想到自己有一天会因为这杯牛奶而获得重生。实际上，在给予男孩帮助的同时，女孩已经收获了快乐和满足。然而，命运总是神奇的，它在冥冥之中让女孩在若干年后再次与男孩相遇，而他们的身份也变得不同。

每个人都要学会帮助他人，因为很多时候，帮助他人就是在帮助自己。妈妈要以身示范，给孩子树立乐于助人的榜样。当孩子在给予方面做得更好时，妈妈还要及时表扬孩子，认可孩子的行为，这样孩子得到激励，会做得更好。当孩子开始自发地或者是在妈妈的启发下，孝敬妈妈的时候，妈妈也要欣然接受孩子的付出，而不要拒绝孩子。否则，一旦孩子形成"就算给妈妈食物，妈妈也不吃"的错误印象，孩子就会渐渐地不再主动对妈妈付出，也就不可能养成乐于付出的好习惯。妈妈要保护好孩子心中爱的萌芽，也要激励孩子主动付出的宝贵行为，唯有如此，才能引导孩子健康快乐地成长，也让孩子具备乐于助人、勇于付出的优秀品质和良好习惯。

孝顺是代代相传的宝贵财富

常言道，百善孝为先，在中华民族的传统美德之中，孝顺父母是必不可少的做人根本，也是最重要的美德，更是各种优秀品德形成的基础。当一个人对于自己的亲生父母都没有感恩之心，也丝毫不懂得孝顺父母，那么这个人的人设就会轰然倒塌。在生意场上，很多人的生意原则之一就是不和品行恶劣的人打交道，而不孝顺、不知感恩父母的人，就位于品性恶劣之首。自古以来，有很多关于感恩父母的诗篇，例如唐朝孟郊所著"慈母手中线，游子身上衣。临行密密缝，意恐迟迟归。谁言寸草心，报得三春晖"。这首古诗正应了那句俗话，儿行千里母担忧。而对于不懂得感恩和孝敬父母的孩子而言，则应了那句俗语的下半句，母行千里儿不愁。曾经有人说，孩子回报父母的恩情，如果能够有父母为孩子付出的十分之一那么多，就已经足够。遗憾的是，有些人将孝敬父母的美德抛之脑后，别说是回报父母十分之一，很多孩子还会打骂父母，败坏社会风气。

俗话说，家和万事兴。作为妈妈，在教育孩子的时候，一定要帮助孩子形成孝敬父母的优秀品德，也教会孩子要以家庭和睦为重。这样，孩子在长大成人之后不但能够尽到赡养父母的责任，也能够在为人处世方面具备坚强的精神支撑。

很久以前，有一对老夫妻养育了4个孩子。老夫妻含辛茹苦把这4个孩子抚养长大，结果孩子们长大成人，全都飞走了，各自过自己的日子，根本没有人回来看老夫妻一眼。老夫妻晚景凄凉，回想起当年抚养孩子长大的辛苦，不由得万分懊悔，心中也愤愤不平。

后来，老夫妻经过一番商量，做出了一个决定。老父亲通知孩子们："周末都来家里吃饭吧，有个传家宝想和你们交代下。"听说有传家宝，孩子们到了约定的日子都早早回到家里。老母亲竭尽所能地做了一桌子丰盛的饭菜，又郑重其事地拿出一个用布层层包裹的东西。正当老母亲准备打开布包的时候，老父亲说："算了，还是先不要给他们了。我爷爷说，这个传家宝必须给最孝顺的孩子，才能发挥作用。"孩子们都想打听清楚传家宝到底有什么作用，老夫妻却讳莫如深。此后的日子里，孩子们都争先恐后地孝顺父母，一个比一个更孝顺。几年过去，老父亲去世了，老母亲也奄奄一息。老母亲在去世之前，对大女儿说："等我去世五七三十五天的时候，你再打开这个包裹。"女儿听从母亲的话，在母亲去世三十五天的时候打开包裹。只见包裹打开之后，里面有一个盒子，盒子里有一块石头，上面赫然刻着"孝"。女儿恍然大悟。

在陪伴父母最后的几年时间里，看到爸爸妈妈孝顺爷爷奶奶，孙辈们也都很孝顺。老夫妻的儿女们颐养天年，过上了幸福快乐的生活。

如果父母不孝顺爷爷奶奶，孩子们也会向父母学习，同样不孝敬父母。真正的传家宝，不是有万贯家财，也不是有多大的房子、多么广阔的土地，而是要把孝敬父母的传统美德传递给孩子们，从而让子子孙孙都养成孝敬长辈的习惯。事实证明，当孩子在孝敬父母的家庭中成长，他们就会更加尊老爱幼，本性也会有更多的善。

妈妈一定要记住，没有孩子生而善良，也没有孩子生而就品行恶劣。就像有人说过的那样，孩子来到人世间，就像是一张白纸一样纯洁无瑕，是善良还是恶劣，最重要的在于后天的教育和引导。记得曾经在网络上看到一句很伤感的话：父母在，人生尚有来处，父母去，人生只剩归途。对于每个人的人生而言，既有来处，也有去处。如果把人生的来处完全忘记，则去处也会变得未可知。而孝顺的人恰恰不忘自己的来处，所以人生的去处也会明确清晰。

呵护孩子的爱心，让孩子心怀大爱

每当遇到大的灾难时，人生的险恶会赤裸裸地暴露出来，人间的大爱也会喷薄而出。在教育孩子的过程中，妈妈不但要爱孩子，也要呵护和培养孩子的爱心，才能让孩子心怀大爱，给予这个世界别样对待。自古以来，无数先哲都告诉我们，唯有爱心，才是人生存在的基础，也是生命存在的意义。然而，爱并非与生俱来的，而是通过后天的教育和引导才渐渐形成的一种习惯，一种心理倾向。例如妈妈要想培养孩子的爱心，就要让孩子习惯付出爱，也要让孩子对身边的人和周围的环境倾注爱。

每个孩子从呱呱坠地时，都带着一颗柔软的心来到这个世界上。他们内心安然。在岁月的流淌中，孩子不断成长，他们的内心也越来越粗糙。作为妈妈，一定要呵护孩子的赤子之心。正如意大利大名鼎鼎的教育家蒙台梭利所说：儿童是成人之父。他的意思是，孩子怀着赤子之心来到这个世界上，随着不断地成长，内心日渐粗糙，也渐渐地失去了本真和童趣。所以，很多成人都不再纯真，从这个角度而言，儿童才是成人的父亲。

很多妈妈迫不及待要告诉孩子这个世界的险恶，要帮助孩子更加世俗和世故地面对一切，却忽略了保护孩子的纯真。妈妈不知道，孩子的纯真无瑕才是最宝贵的。看起来内心充满爱的孩子也许会吃亏上当，殊不知，吃亏是福。孩子也许表面看起来吃亏，但是他们心地纯良，从未有因为内心的焦虑而饱受煎熬，这恰恰是孩子的福报。作为妈妈，在教育孩子的过程中也要把目光看得长远一些，才能最大限度地激励孩子心底的善之芽不断地生长，也才能给予孩子最佳的引导。注意，一定不要因为怕吃亏而教育孩子占便宜，孩子内心的纯真是多大的便宜都换不来的，是孩子一生之中最为宝贵的财富。

很久以前，有个男孩和妹妹相依为命。他们小小年纪就失去父母，哥哥承担起照顾妹妹的重任，对妹妹不离不弃。然而，灾难没有放过妹妹，不久之后，妹妹被诊断身患重病，急需要输血治疗。然而，男孩根本拿不出昂贵的治疗费和输血费用，虽然医院为他们免除了手术费，但是男孩还是要为输血的费用为难。思来想去，医生动员男孩为妹妹输血，这样手术就可以如期进行。

一开始，男孩很犹豫，他思考很久，才表示同意。医生不由得暗暗想道：男孩还是很爱惜自己的生命，所以不愿意为妹妹输血。当粗粗的针头插入男孩的静脉，男孩的嘴角居然浮现出一丝微笑。男孩表情安然，直到抽血完成，新鲜的血液输入妹妹的身体，男孩才颤抖着问医生："大夫，我还能活多久？"医生正想笑，觉得男孩很无知，却不由得深受震撼：男孩原本以为输血就会失去生命，还是在经过思考之后同意给妹妹输血，在他心里，这是做好了为妹妹付出生命的准备啊！医生不由得对男孩肃然起敬，当即张开双臂把颤抖的男孩拥抱在怀里，抚摸着男孩的头说："放心吧，输血不会死的。你这么健康，能活到100岁呢！"得知这个结果，男孩欣喜若狂，居然再次卷起袖管，对医生说："医生，把我的血抽一半给妹妹吧，我愿意和妹妹一起再活50年。我要陪在妹妹身边，照顾她，守护她。"在场的每一位医护人员都热泪盈眶，因为这个男孩以爱对妹妹做出了世界上最伟大而又纯真的诺言。

男孩以为输血会死，所以在答应医生给妹妹输血之前，他很犹豫。面对生命的失去，每个人都会感到犹豫，这是人之常情，也是人性的本能。

说不定，男孩还担心自己如果死了，没有人照顾妹妹呢！即便如此，他还是勇敢地采纳医生的建议，答应给妹妹输血。得知输血不会死，自己还能再活100年之后，男孩更是慷慨地做出高尚的赠予决定：再抽出一半的血给妹妹，和妹妹一起各自再活50年。不得不说，男孩是因为无私震撼了每个人，真正的无私大概就是能把自己的寿命赠予他人吧。

无私的爱，是人性的光辉，也让孩子因为心中有爱，变得无所畏惧，充满温情和感恩。在教养孩子的过程中，妈妈一定要爱护孩子的爱心，也引导孩子以博爱之心对待这个世界。其实，培养孩子爱心的方式有很多，例如，有些孩子喜欢养小动物，还有的孩子会慷慨地把自己的零花钱捐赠给灾区的孩子，这些对于孩子而言都是难得的爱心表现，妈妈一定要大力支持孩子，而不要阻挠孩子。唯有给孩子的成长注入点点滴滴的爱，孩子才能更加健康快乐地成长，也因为爱而充满生命的力量。

第 7 章
妈妈会鼓励，孩子更自信

妈妈与孩子沟通和交流的方式，甚至会影响孩子的自信。如果妈妈总是否定和批评孩子，则孩子渐渐地就会陷入自卑的困境，只有妈妈善于鼓励，才能不断增强孩子的自信心，让孩子变得更加强大，也对人生充满希望。

鼓励，增强孩子的自信

在教育孩子的过程中，很多妈妈都对孩子的表现不满意，也认为孩子的发展没有达到她们的期望和标准。为此，妈妈总是否定孩子，甚至对孩子提出过于苛刻的要求。殊不知，父母过高的期望对于孩子而言是一份沉重的压力，甚至会导致孩子在加倍努力也达不到目标之后，失去继续努力的信心。明智的妈妈知道，要给孩子制订适度的目标，这样在孩子跳一跳就能够到达目标之后，才会对自己有信心，也愿意继续坚持不懈、勇往无前地努力。

好妈妈用语言支撑起孩子的信心，用爱与信任浇灌孩子的信心。如果作为妈妈都对孩子不信任，则孩子如何能够在人生之中扬起自信的风帆，驶向人生的彼岸呢！

若琳正在读小学六年级，即将小学毕业。然而，若琳的学习成绩一般，不是非常优秀。为此，妈妈很想在若琳毕业之前的关键时刻，激励若琳不断地努力，把学习成绩拔高一节。但是，若琳对妈妈的安排心生抵触，不愿意和爸爸妈妈好好沟通，还常常因为爸爸妈妈对她的询问和关注感到厌烦。有一段时间，若琳整天都神秘兮兮的，妈妈简直怀疑若琳是不是在早恋。为此，有一天等到若琳去学校之后，妈妈擅自翻看了若琳的日记本。

若琳的日记并没有妈妈担忧的早恋迹象，但妈妈还是发现了一个大秘密。若琳在笔记本里写道："我很心烦。因为妈妈从来不相信我，也不会像其他女同学的妈妈那样，和女儿很亲近，鼓励女儿。她总是打击我，觉得我不管做什么都不行，我简直觉得自己一无是处。有的时候，我觉得妈妈的嘴巴就像刀子一样，在残忍地伤害我的心。"看到女儿这样的日记，妈妈觉得很心痛。一直以来，妈妈的确对若琳要求很高，也因为若琳学习成绩不好而常常批评若琳，但是妈妈从未想到若琳居然受到这么大的伤害。之后，妈妈开始有意识地改变自己，不再总是挑剔和苛责若琳，而是常常鼓励若琳，还发掘出若琳身上的很多优点和长处。若琳意识到妈妈的改变，非常欣喜，和妈妈的关系也越来越亲密。

在这个事例中，若琳很信任妈妈，所以对于妈妈的评价，她都放在心上。然而，随着妈妈对她的负面评价越来越多，若琳渐渐地失去自信，变得越来越自卑。虽然妈妈偷看若琳日记本的行为是不对的，但是妈妈由此觉察若琳的心理状态，从而积极地调整自己，改变与若琳的沟通方式，以及对待若琳的方式，这样对于若琳的成长是非常有益的。

每个人都需要正确地认识自我，偏偏孩子小的时候缺乏自我认知的能力，因而孩子总是通过父母对他们的评价来认知自我。尤其妈妈是孩子最亲近的人，常常要与孩子之间进行各种沟通，为此妈妈的评价往往对孩子起到更大的影响作用。在这种情况下，妈妈对孩子一定要谨言慎行，不要随随便便就批评和否定孩子，否则就会在不知不觉中给孩子的内心带来伤害，也导致孩子无法正确认知自己，陷入负面的自我评价之中。

净化语言环境，让孩子远离脏话

当有一天，妈妈发现自己秉承文明的原则教育出来的文质彬彬的孩子，突然间满口脏话，会怎么想呢？妈妈一定会感到抓狂，甚至觉得内心愤怒，却又很无奈。不可否认，孩子的模仿能力是很强的，他们总是会根据周围的环境来改变自己，也因此在不知不觉间就受到环境的负面影响，甚至无形中就脏话连篇。尤其是对于年幼的孩子，往往还不知道脏话的意思是什么，就开始学着说脏话。在这种情况下，妈妈一味地教育孩子起到的效果微乎其微，这时候要从外部环境入手，净化语言环境，才能让孩子远离脏话，也才能给予孩子更大的成长空间和更好的未来。

作为孩子的第一任老师，妈妈一定要努力为孩子营造良好的生存环境，从而帮助孩子获得更好的成长环境。如果妈妈或者其他家人对孩子说脏话，则孩子根本没有那么强大的自我净化能力，更不可能做到出淤泥而不染。现实生活中，总有些素质低下的人说起脏话来丝毫不过脑子，甚至把说脏话当成和平日里说话一样。殊不知，脏话对成人说也许只会招致反感，但是对孩子说就无异于一场灾难。曾经有专门的调查机构针对小学生进行调查，发现大概60%的学生都会说脏话、骂人、打人，或者做出很多恶劣的行为。在这种情况下，妈妈一定要先反思自己，给孩子净化语言环境，然后再帮助孩子改正行为习惯，从而帮助孩子形成文明举止，礼貌行为。

有一天，妈妈下班回家，听到屋子里传来洋洋的叫骂声，听起来就像是泼妇在骂街一样，说出的话不堪入耳。妈妈火冒三丈，当即快步走到家门口，还没来得及打开门，就冲着屋子里喊道："洋洋，你要是再敢骂人，看我不撕烂你的嘴。"洋洋听到妈妈开门的声音，一溜烟跑到自己的房间里躲起来。

为了洋洋骂人的问题，妈妈不知道费了多大的劲，但是始终没有改观。原来，洋洋小时候是个很听话懂事、有礼貌的孩子，但是自从妈妈在洋洋两岁的时候恢复工作，从老家把奶奶接过来负责带养洋洋，洋洋就开始学会骂人。一开始，妈妈不明就里，以为洋洋是和同学学会骂人的，后来才发现奶奶习惯说脏话，而且在带着洋洋去小区广场上玩的时候，和几个老太太一起聊天，也都说脏话。正是因为如此，洋洋才学会说脏话，而且大有愈演愈烈的趋势。一开始，妈妈和爸爸说起这个问题，希望爸爸能和奶奶谈谈，爸爸却以奶奶习惯于这么说话，短期内无法改正为由，拒绝了妈妈的请求。妈妈觉得奶奶初来乍到，也不想和奶奶因为这个问题闹僵，就想着洋洋渐渐地总会忘记说脏话。不曾想，洋洋说脏话的行为越来越严重，甚至还学会了很多新鲜的污言秽语，每天都会在不知不觉间蹦出来。如今又听到洋洋说脏话，妈妈给爸爸下了最后通牒："如果你不去和你妈谈，我就来和你妈谈，这样对孩子的影响简直太恶劣了。你必须意识到一点，我宁愿不上班自己带孩子，也不能让孩子满口脏话，不堪入耳。"爸爸也意识到洋洋说脏话的行为越来越严重，因而决定与奶奶聊一聊。为了避免奶奶生疑，爸爸先从自己表率做起，在全家展开净化语言环境的风雷行动。而且，妈妈作为补充，还讲述了很多关于孩子说脏话的负面事例。奶奶也意识到问题的严重性，当即主动展开自我反省："我的说话习惯不好，我也会努力改正的，早日帮助我的大孙子忘记脏话，成为文明小孩。"看到奶奶这么开通，爸爸和妈妈才长舒一口气。

孩子的学习和模仿能力是非常强的。有的时候，孩子是主动模仿，有的时候，孩子是无意之间就在向他人学习。尤其是这种无意识的学习，孩子根本无法抵触，也就常常导致自己的言行举止出现偏差。对于妈妈而言，要想避免孩子在不知不觉之间受到负面影响，就要非常努力地为孩子净化语言环境，让孩子自由快乐地健康成长。

说脏话不仅是不文明的行为，也是孩子自身素质和教养的表现，很容易影响到人与人之间的交往。因此，帮助孩子净化语言环境，让孩子形成文明礼貌的语言表达习惯，不但有助于孩子的健康成长，对于孩子长大成人之后与他人之间的友好交往，也会起到积极的促进作用，有利于孩子建立良好的人际关系。特别是随着年龄的增长，孩子接触的人越来越多，经历的事情也越来越多，孩子必须文明用语，才能得到其他人的认可，也才能让自己成为处处受人欢迎的社交达人。

在净化语言环境的时候，除了需要重点净化家庭中的语言环境之外，妈妈还要留心关注孩子的朋友。尤其是对于青春期孩子而言，他们为了融入同龄人的群体之中，往往具有更强的从众心理，也会不知不觉之间就放弃原则，与同龄人做出相似的行为表现。当然，妈妈对孩子要以引导教育为主，而不要总是严厉批评和训斥孩子，否则容易导致孩子产生逆反心理。也不要以各种严厉的惩罚手段威胁孩子，而是可以先和孩子约定如果说脏话就要接受怎样的惩罚，这样孩子才会对妈妈心服口服，也起到良好的教育效果。

自信的孩子才能勇敢面对错误

所谓自信，就是一个人愿意相信自己。对于孩子而言，要想拥有自信，就要接受来自父母的肯定。这是因为孩子小时候缺乏客观认知和评价自我的能力，因而他们无法对自己有准确的判断，也没有客观、系统的标准衡量自己。而他们最信任的人是父母，为此，他们会把父母的评价作为自我衡量的重要标准之一，甚至有些孩子直接把父母的评价作为自我评价。在这种情况下，父母对于孩子的评价是至关重要的，往往影响甚至决定孩子的自我评价。因而父母要认真耐心地对待孩子，而不要总是过高地要求孩子，或者习惯性地批评和否定孩子。在妈妈反复的否定之中，孩子往往会缺乏主见，缺乏自信，也会对自己有错误的认知和衡量。

妈妈爱孩子，一定要真正做到无条件地爱。作为妈妈，还记得为了这个新生命来到世界上时，自己所付出的努力吗？在生死关头，妈妈只希望孩子是健康快乐的。然而，随着孩子不断成长，妈妈对于孩子的要求也越来越高。很多妈妈在比较、虚荣的心态驱使下，完全忘记了自己对孩子最初的祝福和期望，也忘记了那个曾经柔弱的小生命是如何满怀信任地蜷缩在妈妈的怀抱里。她们反而会对孩子说："孩子，你要更加努力，才能在长大之后出人头地，也才能给妈妈脸上增光。"妈妈对孩子的爱变得有条件，而且这条件不但不容易实现，还越来越苛刻。为此，妈妈对孩子的要求越来越高，孩子也在妈妈渐渐拔高的要求中无所适从。

当孩子达不到妈妈的要求，妈妈总是批评和斥责孩子，也无情地否定孩子。渐渐地，孩子的自信心越来越弱，最终彻底陷入自卑的困境，无法自拔。妈妈要知道，对于正在成长关键时期的孩子而言，培养自信，远远比纠正错误更加重要。作为妈妈，作为孩子最亲近和信赖的人，一定要爱孩子，也以无条件地欣赏给孩子自信。很多妈妈都抱怨孩子不了解父母的爱，父母却不知道，孩子对于妈妈是多么在乎和依赖。众所周知，自尊对孩子的成长有很重要的作用和意义，那么孩子的自尊来自哪里呢？孩子最初的自尊，来自父母对他们的尊重。妈妈唯有尊重孩子，孩子才会自尊，也才会把尊严看得更重。如果妈妈总是肆无忌惮地批评孩子，声色俱厉地训斥孩子，则孩子很容易形成错误的自我认知，把自己看轻看低，甚至破罐子破摔，完全不在乎。作为妈妈，一定要帮助孩子形成自信，确保孩子健康快乐地成长。

在传统的教育观念中，很多妈妈都觉得孩子是自己生养的，因而虽然爱孩子，却没有给予孩子足够的尊重，反而把孩子当成自己的附属品，对孩子颐指气使。不得不说，这种对待孩子的态度完全是错误的。孩子尽管小，也因着父母来到这个世界上，但是他们并不是父母的附属品或者私人财产，他们是独立的生命个体，有着与每个人平等的尊严。妈妈唯有尊重孩子，孩子将来才能成长为人格健全的人。妈妈如果不尊重孩子，总是对孩子颐指气使，渐渐地，孩子也会把自己不当回事。

也许有些妈妈感到纳闷：怎么尊重孩子呢？从生活的角度而言，尊重孩子可以表现在很多细节方面。例如妈妈在进入孩子房间之前，先敲门，得到孩子的允许再进去；在家庭里有事情需要共同决定的时候，不因为孩子小就忽略孩子，而是尊重孩子，积极地倾听和采纳孩子的意见；当孩子对于人生的未来有规划的时候，不要总是否定孩子的人生理想，而是要把孩子作为独立的生命个体尊重，让孩子主宰自己的人生……总而言之，当妈妈发自内心地尊重孩子，就会对孩子有积极的对待和面对。遗憾的是，现实生活中，太多的妈妈都在否定孩子的感受，甚至对孩子的意见和选择不屑一顾，而坚持要求孩子必须听从妈妈的建议，接纳妈妈的安排。例如，在天气乍暖还寒的时候，孩子想要脱掉厚重的棉衣，妈妈却坚持让孩子春捂秋冻。等到深秋，孩子还不想穿上厚重的棉衣，妈妈却又强迫孩子及时添加衣物。有些妈妈非常强势，甚至连孩子每天穿什么衣服，都安排得一板一眼，绝不允许孩子有任何违背妈妈心意的地方。不得不说，这是对孩子独立性的扼杀，也是对孩子尊严的摧残。

妈妈作为孩子教育的主要承担者，也作为孩子成长过程中亲密无间的陪伴者，一定要最大限度尊重孩子，重视孩子的感觉，相信孩子的判断，也要帮助孩子树立自信，积极地面对人生。

妈妈的认可，给孩子超强的动力

因为对孩子的要求过高，很多妈妈都会在不知不觉中否定孩子，对孩子提出更加苛刻的要求。殊不知，当孩子再怎么努力也达不到父母的满意，更无法实现父母对他们的期望时，孩子就会感到颓废和沮丧，甚至彻底放弃目标。这是因为过高的期望对于孩子而言是一种压力，就像是马拉松比赛一样，如果参赛选手始终只想着终点，就会感到终点特别漫长，而且遥遥无期，因此越跑越觉得无法坚持下去，最终不是半途结束比赛，就是取得倒数的糟糕成绩。

日本有一个马拉松选手，叫山田本一。当有一次马拉松比赛在日本举行时，山田本一出人意料地获得冠军。为此，很多记者闻讯赶来，采访山田本一取胜的秘诀。山田本一淡然回答："我是凭借智慧取胜的。"记者觉得很纳闷，人人都知道马拉松比赛和耐力、体能有很密切的关系，却没有人听说过马拉松比赛还事关智慧。记者们都以为山田本一在故弄玄虚，也觉得名不见经传、身材矮小的山田本一一定是侥幸才获得冠军。时隔4年，马拉松比赛再次在另一座著名城市举行，这次山田本一不是主场，而要在客场参加比赛。让人们大跌眼镜的是，山田本一居然再次获得冠军。记者们再次采访山田本一，询问他如何取胜，山田本一还和以前一样淡然，依然回答自己是凭借智慧取胜。显而易见，记者们对于这样的回答根本不满意。

直到10年后，山田本一出版自传，在书中描述了自己两次夺得马拉松冠军的心路历程，这时，人们才知道山田本一所说的凭借智慧取胜是什么意思。原来，山田本一每次参加马拉松比赛之前，不管是在自己的国家，还是在别的国家，他都会雷打不动地做一件事情，那就是在比赛前先沿着马拉松路线去熟悉地形。他搭乘交通工具，随身带着本子和笔，沿途记录下自己将会经过哪些地方，然后每隔一段路就对具有标志性的物体进行标记，或者是一幢红色的小房子，或者是一棵高耸入云的古树，或者是一个公交车站。总而言之，山田本一以这些标志物把漫长的道路里程进行划分，从而让漫长的马拉松赛道变成一段又一段较短的赛道。这样一来，当其他选手一出发就因为遥远的终点而心生畏惧时，山田本一却很快到达自己标注的第一个标志物处。到达第一个终点，他觉得很有成就感，也因此而更加充满力量，继续以飞快的速度向着第二个标志物跑去……如此一来，很多人对于马拉松全程都是越跑越觉得疲惫和遥遥无期，而山田本一却因为标志物一个接着一个到达，最终快速奔向目的地，夺得冠军。

从山田本一的经历中，妈妈应该得到启发：过于遥远伟大的目标无法对孩子起到短期激励的作用，反而会因为目标看起来遥遥无期，所以孩子会感到疲惫和绝望。当把远大的目标进行分解，变成一个个通过努力就能实现的小目标，则孩子进步的过程就会像是爬台阶，一步一个台阶地持续进步，最终到达人生的巅峰。反之，即使孩子是天才，也不可能一步登天，一步就爬上几十个上百个台阶。所以妈妈要有智慧，既要为孩子分解目标，也要随时认可孩子经过努力获得的成果，这样才能及时激励孩子，给予孩子的成长以强劲的动力和支持。

很久以前，有个男孩身体因为残疾而孱弱，这使得他在诸多的兄弟姐妹中就像是一颗豆芽菜一样。为此，男孩很自卑。有段时间，爸爸回家的时候带回来很多树苗，给每个孩子分了一棵树苗，让孩子们把树苗种到土地里，比赛看看谁的树苗长得强壮结实。男孩把树苗种到地里，发现树苗生长缓慢。在给树苗浇了几次水、施了几次肥之后，心灰意冷的男孩就不再精心侍弄树苗。然而，一段时间之后，男孩发现他的树苗长势良好，在所有树苗之中居然长得最高，而且枝叶繁茂。男孩激动极了，内心里也升腾起希望。这个时候，父亲鼓励男孩："宝贝，你真的很擅长种树，我认为你长大之后可以成为优秀的植物学家，给地球带来更多的绿色。"男孩尽管并不觉得爸爸说得一定对，但是他从此之后充满自信，也愿意积极地锻炼孱弱的身体，努力成长。

一年之后，乐观开朗的男孩因为某些事情失眠，便站到窗户前欣赏月光。突然，他产生了一个想法：我还没有在月光下欣赏过我的小树呢，何不现在去看看它呢？！当男孩走到小树近旁，才发现有个身影正在树底下忙碌。男孩看着看着，眼眶不由得湿润了。原来，那个身影是爸爸，爸爸正在帮助男孩给小树施肥松土呢！男孩知道爸爸的苦心，暗暗下决心，自己一定要珍惜生命，努力成长。后来，男孩果然成为栋梁之才，做出了伟大的成就，也拥有了精彩的人生。

在这个事例中，爸爸正是以这样的方式激励男孩，也在男孩有了小小的成就之后，就马上毫不吝啬地肯定男孩，给予男孩积极的鼓励和支持。对于男孩而言，这样小小的喜悦能让他原本惴惴不安的心获得力量，让他消除自卑，从而更加努力地面对人生和未来。

很多妈妈对孩子说话都口不择言，甚至连想都不想就因为孩子没有达到她的预期而否定孩子，肆无忌惮地批评孩子。殊不知，妈妈无心的一句话就会给孩子带来深深的伤害，也会导致孩子像泄了气的皮球一样。作为妈妈，一定要抓住各种机会鼓励孩子，从而让孩子在面对很多事情的时候都能够满怀信心，勇往直前。

挖掘孩子身上的闪光点

作为妈妈，一定要善于全面评价和衡量孩子，而不要只盯着孩子的学习成绩看，导致狭隘的思想和评价伤害孩子脆弱的心。遗憾的是，现实生活中，很多妈妈都唯分数论，对孩子唯一的要求就是学习好，学习好，学习好。当发现孩子在学习方面没有天赋，甚至无论多么努力都无法获得小小的进步之后，妈妈又会对孩子颐指气使，以恨铁不成钢的语气给孩子贴标签。那么请问妈妈，曾经也作为学生的你，是否在学习上真正做到了出类拔萃，给父母脸上增光呢？如果你在学习上也是丈二和尚摸不着头脑，从遗传学的角度而言，孩子学习不好也并非都是孩子的过错。

在这个世界上，每个人都是完全独立的生命个体，每个人的能力都不同。例如，获得诺贝尔奖的莫言对于文字特别敏感，也能够娴熟地运用文字构建文学的瑰丽宫殿，同样作为诺贝尔奖获得者，屠呦呦则在医学领域如鱼得水，也怀着对于专业的热爱，做出了伟大的成就。如果把莫言和屠呦呦的身份颠倒下，让屠呦呦去写作，让莫言去进行化学研究，则很有可能屠呦呦的作文水平还不如一名普通的学生，而莫言的化学水平也不如一名普通的学生。所谓术业有专攻，大概意思就是如此，每个人都要从事自己擅长的领域，才能发挥自身的才能，做出积极的表现。作为父母，要理性客观地认知孩子，评价孩子，也要中肯地给孩子提要求，而不要对孩子的天赋不管不顾，只是一味地对孩子提要求。否则，就会导致孩子在成长的过程中承受过重的负担，也会无形中剥夺孩子无忧无虑的童年。

很多妈妈都会犯这山看着那山高的错误，她们在孩子出生伊始，觉得自己的孩子是出类拔萃、无人能及、完美无瑕的。随着孩子不断成长，她们又意识到孩子身上其实有很多缺点和不足，因而又对孩子百般挑剔和苛责，打着为孩子好的名义，强迫孩子达到她们的要求。殊不知，每个孩子都是这个世界上独一无二的生命个体，每个孩子所擅长的领域和感兴趣的事情也都是截然不同的。妈妈不能强求孩子必须按照她们的期望去成长，而是应该在尊重孩子的基础上，有的放矢引导孩子，也让孩子根据自身的发展情况不断成长。作为妈妈，要知道自己的孩子属于哪种类型，也要尊重孩子的天性和兴趣，才能帮助孩子扬长避短。

很多妈妈也许认为，她们的孩子迄今为止没有表现出任何天赋和优势，不得不说，这不是孩子的问题，而是妈妈的问题。还记得贝多芬吗？

贝多芬是举世闻名的音乐家，但是他小时候在音乐方面的表现简直糟糕透顶。在中国，京剧大师梅兰芳也曾经在学习京剧的时候被老师拒之门外，说他眼神黯淡无光，根本不适合京剧表演。最终，贝多芬成为杰出的音乐家，梅兰芳成为国粹级别的京剧表演大师，都是因为他们发掘出自身的潜力，才能成就与众不同的自己。

妈妈要知道，每一个成功人士都并非生而成功，也不是一蹴而就获得成功的。相反，他们在成长的过程中非常努力，也遭受了比常人更多的坎坷挫折，所以才能持续进步，获得成功。作为孩子的第一任老师，作为孩子成长的领路人，妈妈们一定要正确认知和客观评价自己的孩子，从而让孩子更加积极主动地发挥自身优势，坚持不懈地走向成功。

杜薇觉得自己在妈妈心中简直一无是处，为此她总是很自卑，即使学习成绩很好，也常常觉得抬不起头来。的确，即使杜薇得到全世界所有人的肯定，如果妈妈不能正确评价杜薇，也会导致杜薇信心全无。

最近，学校里要举行作文比赛，老师推荐杜薇参加。杜薇原本很迟疑，觉得自己能力不足，但是在老师的鼓励下，她渐渐有了信心，也跃跃欲试。为此，老师对杜薇说："你回家和妈妈商量一下，再告诉老师最终的决定，好吗？"杜薇回到家里才刚刚把参加作文比赛的事情告诉妈妈，妈妈连想都不想就说："你们班没别人了吗？老师居然让你去参加作文比赛，我可是觉得你写作文就像蜗牛爬，别到时候作文才写了一半，时间到了，那可就丢人丢大发了。不但丢了自己的脸，也丢了学校的脸，还丢了老师的脸。"听完妈妈的话，杜薇觉得心里哇凉哇凉的，第二天去学校就把妈妈的话告诉老师，想向老师表示拒绝。老师听了杜薇转述妈妈的话，当即对杜薇说："你妈妈真的是这么说的吗？她说得是错的，你不要放在心上。我来和她谈，你别管了。"老师把杜薇妈妈叫到学校，批评了杜薇妈妈，并且告诉杜薇妈妈："杜薇也许完成作文的速度不够快，但是在规定时间内写完作文还是没问题的。而且，杜薇的文风淳朴，行文流畅，如果没有意外情况，三等奖应该没问题，说不定还能夺得二等奖呢！"听到老师对杜薇的评价这么高，妈妈很吃惊，老师似乎看透了妈妈的心思，说："杜薇妈妈，杜薇可是个有才华的女孩，你要支持她啊！"妈妈连连点头。

在这个事例中，杜薇之所以没有信心，完全是因为妈妈不懂得认可和欣赏杜薇，反而在杜薇得到老师推荐参加作文比赛的情况下，以冷嘲热讽给杜薇泄气。幸运的是，杜薇有个好老师，他欣赏杜薇的才华，不愿意杜薇被埋没，所以才愿意主动和妈妈沟通，说服妈妈支持杜薇。

孩子最大的幸运之一，就是有一个欣赏自己的妈妈，也有一个善于发现自己闪光点的妈妈。如果妈妈都不欣赏和认可孩子，又如何能够帮助孩子形成自信，给予孩子积极的力量呢？作为妈妈，如果觉得自己的孩子迄今为止都没有表现出独特的天赋，那么就要反思自己，是否努力用心地去发现孩子的潜力和优势，是否真的已经做到认真仔细地观察孩子。当做到这些，妈妈一定会发现孩子与众不同之处，也可以集中所有的力量培养孩子，帮助孩子成就更好的自己。

不要给孩子贴上负面标签

很多人都对成功学大师卡耐基印象深刻，却不知道卡耐基如今举世闻名，实际上小时候却是一个调皮捣蛋大王，在整个村子里都臭名远扬。卡耐基小小年纪就失去母亲，在他9岁的时候，父亲迎娶继母进门。在对继母介绍卡耐基的时候，父亲告诉继母："你现在所面对的是全郡最调皮捣蛋的男孩，你根本不知道他会对你做出什么事情，你一定要非常小心。"听到父亲的介绍，卡耐基羞愧地低下头。这个时候，继母温柔地抚摸着卡耐基的头，对父亲说："你说错了。他不是全郡最调皮捣蛋的男孩，他是全郡最聪明的男孩。他只是精力过剩，没有把多余的精力都用掉而已。"卡耐基抬起头，眼睛里含着热泪看着继母，一直以来，他从未得到任何人的认可和赞赏，是继母给了他新的勇气和希望。从此之后，卡耐基在继母的引导下，健康快乐地成长，最终成就了自己。

如果没有继母，如果卡耐基继续接受父亲的负面评价和贴标签的行为，难以想象卡耐基会成长为什么样子，至少不会像现在这么成功。很多父母都会在不知不觉中给孩子贴标签，尤其是妈妈因为与孩子接触密切，又因为对孩子怀有过高的期望，所以更是会对孩子下定论。当妈妈心情明媚，她们对于孩子的评语也相对较高。当妈妈心情郁郁寡欢、闷闷不乐，她们对于孩子又会产生各种负面的想法，甚至气急败坏地给孩子贴上负面标签。妈妈不知道，孩子在成长过程中原本就会出现各种各样的问题，诸如砸碎别人家的玻璃，偷偷拿了父母的钱去玩游戏，或者说脏话、和同学打架等，这些对于孩子的成长而言都是小儿科的错误，都是屡见不鲜的。这个世界上，没有任何孩子能够不犯错误地长大，妈妈要端正心态，从容接受不完美的、爱犯错的小孩，也要以极大的耐心引导孩子健康快乐地成长，给予孩子积极的指引和帮助。

10岁的特特以"坏孩子"自称，这是因为自从在有一次考试中没有考到班级的平均分之后，老师就说特特从中等生变成了不折不扣的差等生，是班级里的"拖油瓶"。原本，拖油瓶指的是再婚的父母带着一起结婚的孩子，类似于累赘的意思，这个词语用在特特身上，意味着老师把特特也看成班级的累赘。就这样，原本成绩还勉强算得上中等的特特，学习表现越来越差，最终居然成为真正的差生。

有的时候，妈妈劝说特特要努力，特特总是一副不屑一顾的样子。一开始，妈妈不知道为何原本努力上进的特特会变成这个样子，在偶然的机会中，才知道特特原本被老师称呼为拖油瓶。得知这件事情，妈妈很生气，当即去找老师理论，却被老师批评一番。老师责怪妈妈没有把孩子教育好，说妈妈在孩子身上花费的心力太少。妈妈有心和老师大吵一架，又担心老师给特特小鞋穿，只有给特特转学。后来，妈妈更是花费很多的心力，才渐渐地纠正特特对于自己的错误评价，让特特彻底忘记"拖油瓶"这码事。

在这个事例中，特特因为考试失误，导致学习成绩排名下滑，也因此遭到老师的埋怨，被老师讽刺为"拖油瓶"。不得不说，老师的做法大错特错，因为这样给孩子贴标签的方式，最容易打击孩子的自信，也让孩子陷入自暴自弃的怪圈之中。幸好，妈妈及时发现老师的错误，也理智地做出给特特转学的决定，从而想方设法帮助特特摆脱负面标签。每一位妈妈都希望孩子在成长的过程中健康快乐、充满阳光、心态积极，但是对于孩子的伤害却无处不在。除了老师会因为言辞不当伤害孩子之外，有的时候，妈妈因为说话口无遮拦，也会不小心伤害孩子。实际上，不管是老师还是妈妈，都是孩子最信任的人，都会给孩子带来无法抹灭的影响。因而作为家庭教育承担者之一的妈妈，和作为学校教育主要承担者的老师，在教育孩子的过程中都要谨言慎行，而不要口不择言，避免伤害孩子。

　　教育专家曾经指出，有人之所以把孩子划分为两个阵营，一个是好孩子的阵营，一个是坏孩子的阵营，实际上是错误的教育观念导致的。如果认识孩子的本性，尊重孩子的身心发展规律，知道顽皮是孩子的天性，那么妈妈就不会盲目要求孩子必须听话懂事。因为孩子并非生而听话懂事，而且在成长的过程中还会遭遇很多的困惑，也因为身心发展的特点而不自主地顽皮。当妈妈尊重孩子成长的规律和生命的内在节奏，就不会粗俗地把孩子归入坏孩子的行列。此外，妈妈的尊重认可和耐心陪伴，也能够最大限度地发展孩子的优势，让孩子更好地成长。正是从这个角度出发，现代社会才提倡赏识孩子，也给予孩子更多的认可。

　　美国大名鼎鼎的成功学大师拿破仑·希尔，从小也是一个顽劣不堪的孩子，但是这并不妨碍他长大成人之后成为伟大的成功学大师。古往今来，这样的事例还有很多，无数的伟人都不是生而成功的，也无法一蹴而就到达人生的巅峰。作为妈妈，要学会接纳孩子，要认可和欣赏孩子，也要挖掘孩子身上的优点和闪光点，才能引导孩子扬长避短地发展，成为有用的人。妈妈一定要记住，切勿盲目地把孩子划入坏孩子的行列，否则会让孩子变本加厉，更加放纵自己，也会导致孩子的成长面临不可逾越的困境。记住，妈妈的欣赏和挚爱，是孩子成长的最大动力，也是孩子人生中动力源源不断的发动机。

第 8 章

妈妈善忍耐，孩子不急躁

很多妈妈是急性子，在教养孩子的过程中，无形中就把急性子传给了孩子，导致孩子做事情的时候也总是很毛躁。实际上，要想培养孩子稳重的性格，妈妈首先要调整心态，善于忍耐，在遇到很多事情的时候给孩子树立榜样，这样孩子才能戒骄戒躁，从容不迫地成长。

孩子你慢慢来

现实生活中，有很多孩子天生就是急性子，他们对于很多微小的刺激就会有强烈的情绪反应。从遗传的角度来说，这类孩子的急性子是从父母那里遗传来的，也就是我们平日里所说的"天生的"。还有些孩子在呱呱坠地之后并没有表现出急性子的特点，遇到不如意的时候也并不会火急火燎地哇哇大哭，由此可以判断他们并非天生就是急性子。但是随着不断地成长，孩子的性格越来越急躁，这到底是为什么呢？孩子的性格形成，遗传占一部分作用，而后天的生活和习惯，则占更大部分的作用。加上孩子的监护人和养护人是急性子，则孩子在成长的过程中，也会渐渐地变成急性子。从心理学的角度而言，这叫作习惯性急躁，是后天习得的。

除了先天因素和后天因素之外，还有一部分孩子从一岁前后自我意识萌芽开始，越来越有主见，越来越不愿意接受父母的安排和指令，因而在与外界相处的过程中，总是习惯性地说"不"，也迫切地想要表达自己的观点。在孩子急于维护自己的过程中，很多父母不了解孩子的身心发展规律，也不知道孩子急于表达背后隐藏的深层次心理原因，因而误认为孩子的性格急躁。这是一种被误解的急性子。此外，也有的孩子因为身体不舒适，或者生理需求没有得到满足，因而也呈现出急性子的特点。如果妈妈能够体察孩子的需求，及时满足孩子的需求，则能够有效缓解孩子的急躁情绪。

　　妈妈需要注意的是，不管孩子的急躁是因为先天原因还是后天原因导致的，抑或是有其他的生理和心理原因，都不要当着孩子的面给孩子贴上急性子的标签。前文已经说过，给孩子贴上负面标签，带给孩子的影响是非常大的，还会对孩子起到误导的作用。所以妈妈哪怕明知道孩子的确性急，也不要盲目地误导孩子，更不要因为给孩子贴标签而加重给孩子心理暗示，导致孩子的性急行为越来越明显。

　　西西从小就是个慢性子的孩子，因为做事情磨磨蹭蹭，从来不着急，不知道被妈妈催促过多少次。随着渐渐长大，西西意识到妈妈要一边工作，还要一边照顾家庭，非常辛苦，因而也会尝试着帮助妈妈做一些家务活。

　　有一个周末，西西看到妈妈正在扫地，就把扫帚从妈妈手中接过来，对妈妈说："妈妈，你去休息，我来扫地。"然而，妈妈是个急性子，看到8岁的西西拿着扫帚一下又一下慢慢吞吞地扫地，不由得急不可耐。终于，妈妈按捺不住，催促西西："西西，你以为是在绣花呢？能不能快点儿啊。要是我也像你这样以慢吞吞的速度干活，一天里顶多也就扫个地。"听到妈妈的催促，已经懂事的西西觉得面子上有些挂不住，为此，她当即加快速度，三下五除二就把地扫完了。结果，妈妈一看，地扫得就像大花脸一样，一点都不干净。

　　升入小学三年级之后，作业越来越多，西西因为写作业慢条斯理，而常常面临无法完成作业的困境。为此，西西只要放学回到家里，妈妈就开始展开连环催促。妈妈不停地催促西西快一些，再快一些，结果西西虽然从拖延完成作业转变为按时完成作业，再转变为提前完成作业，但是作业的质量却大幅度下降，错误连篇，导致老师实在看不下去，专门打电话让妈妈去学校面谈。和老师沟通之后，妈妈意识到西西在自己的催促下一味地提升速度，而忽略了质量，也很后悔，便改变了对待西西的策略。在妈妈的正确引导下，西西经过长时间的调整，终于把事情做得又快又好，赢得了妈妈和老师的认可与赏识。

慢性子的人虽然慢，但是做事情认真，有条有理；急性子的人虽然快，但是做事情三心二意，有的时候为了在限定时间内完成规定的任务，他们还会投机取巧。不管是单纯的慢性子还是急性子，都无法把事情做得恰到好处，唯有把速度和质量两手抓，才能把事情做得更好，真正提升效率。

作为妈妈，要尊重孩子内心的节奏，也尊重孩子成长的规律，给予孩子更多的时间去慢慢练习和提升自己。当孩子专注做事情的时候，即使很慢，只要不赶时间，妈妈也不要催促孩子，否则就会破坏孩子的专注力。此外，很多急性子的孩子在人际交往方面也因为急躁，往往会犯粗鲁的毛病，导致人际关系恶劣。所以妈妈不要催促孩子，而要告诉孩子"宝贝，你慢慢来"，这样才能让孩子专心致志地把每件事情都做好，再循序渐进地提升速度，最终做到又快又好。

催促，让孩子变得毛躁

妈妈过分催促孩子，会让原本专注于做某件事情的孩子，为了盲目追求速度，而根本没有耐心去认真地完成既定的任务。偏偏现代社会，生活节奏越来越快，工作压力越来越大，很多父母在忙于工作的同时兼顾家庭，总是手忙脚乱。人们长期处于急躁的状态之中，难免会感到内心焦虑，神经紧绷。他们工作的时候就像个陀螺一样旋转个不停，下班之后也无法放缓节奏，依然火急火燎，风风火火。即使回归到家庭生活，面对慢吞吞的孩子，他们也慢不起来，而对于24小时中的每一分每一秒都有着近乎严苛的安排。例如，每天下班之后几点钟之前要做好饭，几点钟之前要吃晚饭，几点钟之前要洗漱上床，这样看似有规律的生活实际上让人生变成了军营，每个人都是其中的兵，都必须一板一眼地遵循生命的节奏，也拼尽全力面对人生的各种事情。

很多妈妈都会抱怨养育孩子太累，实际上，这都是因为妈妈把职场上的节奏带入了生活，也把对待工作的急躁运用到孩子身上。妈妈不但这么要求自己，也这么要求孩子，在心急如焚中，她们不停地催促孩子，使原本可以用心、认真细致地把事情做好的孩子，也变得越来越毛躁。有的时候，看到孩子缺乏耐心，妈妈还会怨声载道："这个孩子真是不知道随谁，一点儿耐心也没有。"妈妈们，先不要着急抱怨孩子好吗？想一想你在一天的时间里多少次催促孩子要快点起床、穿衣服、洗漱、吃饭、上床睡觉，你就能够找到孩子急躁的原因。在妈妈一声紧似一声的催促中，孩子们根本无法完全安静下来专心致志地享受做某件事情的过程，最终，原本应该关注事情本身的他们，为了尽快完成某件事，而急功近利，焦虑不已。所以要想教育出淡定从容、不急不躁的孩子，妈妈要从反思自身开始做起。

小朵的爸爸妈妈觉得生活压力太大，原本不准备要孩子，而要加入丁克一族。后来，妈妈在人到40岁的时候突然觉得孩子非常可爱，而作为女人如果在一生之中没有当过妈妈，就是不完整的。为此，在做好充分的准备之后，妈妈在42岁那年有了小朵。小朵出生的时候，比妈妈大3岁的爸爸，已经45岁了。

人到中年，从两口之家到三口之家，爸爸妈妈觉得压力很大，妈妈在生下小朵休完产假之后，马上回到工作岗位上继续工作。孩子的出生，彻底打乱了他们的生活，尽管有老人帮忙带孩子，但是看着同龄人的孩子都上初中了，自己的孩子尚且在襁褓之中，再想一想等到孩子结婚的时候，自己都已经年逾古稀，妈妈更是感到压力山大。

虽然是中年得子，妈妈对小朵丝毫也不宠溺，而是迫不及待想让小朵长大，也想让小朵知道人生不容易。在小朵10岁那年，已经年过半百的妈妈决定对小朵展开密集的提升行动。有一次，妈妈在辅导小朵做奥数题目的时候，反反复复讲了三遍，小朵还是听得稀里糊涂，丝毫也不明白。妈妈气急败坏，突然间指着小朵的脑门说："你是不是笨蛋啊，怎么我讲了这么多遍你都听不懂呢！你这样，等到爸爸妈妈老了，看谁还能管你！"看到妈妈反常的样子，小朵吓得哇哇哭起来。后来，为了避免被妈妈发现作业没写完，小朵总是一放学就三下五除二地完成作业，遇到不会做的题目也糊弄了事，再也不等着妈妈辅导自己了。渐渐地，小朵养成粗心敷衍的坏习惯，原本稳定的学习成绩也一落千丈。

人到中年当妈妈，当然会比那些年轻的甚至自身都没有完全成熟的妈妈有更多的考量，也承受着更大的压力。妈妈很清楚，来不及等到小朵长大，自己就会老，为此，她对小朵提出更多的要求，也常常火急火燎地催促小朵。妈妈不知道，不管父母与孩子之间的年龄差多么大，这都不是孩子的错，每个孩子既然来到这个世界上，就有权利享受慢慢成长的过程。妈妈给予孩子的压力越大，给予孩子的催促越多，孩子就越是会被打乱节奏，内心纷乱。

作为妈妈，当感到着急的时候，不如扪心自问：我这样催促孩子，孩子真的会变得优秀吗？妈妈必须知道，孩子的成长绝不是揠苗助长的过程，妈妈一定要有足够的耐心等着孩子如同一株小苗一样不断地成长。当不能控制好自己对孩子满怀耐心的时候，妈妈不妨强制要求自己做到以下几点，以利于和孩子更好相处。

首先，妈妈要给孩子独立的空间，让孩子自主地完成作业。很多妈妈喜欢看着孩子写作业，或者随时随地辅导孩子完成作业，其实完全没有必要，因为妈妈既不可能看着孩子一辈子，也不可能辅导孩子到大学毕业，既然如此，为何不让孩子从小就养成独立自主完成作业的好习惯呢？即使做错了也没关系，因为老师会教给孩子正确的解题方式和方法。

其次，妈妈要耐心对待孩子，不要总是催促孩子。很多妈妈看到孩子慢吞吞地做事情，总是忍不住催促孩子。妈妈一定要想到，每个孩子都是由慢到快的，没有孩子一出生就精明强干，能把所有事情都完成得很好。只有给孩子锻炼的机会和时间，孩子才会循序渐进地成长，也慢慢地会把每件事情都做得更好。

最后，妈妈要关注孩子成长的过程，而不要急功近利，一心一意只想着得到最好的结果。对于孩子的成长而言，过程比结果更加重要，这就像是一场旅程，最重要的是欣赏沿途的风景，而不是急急忙忙地赶场，在到达一个目的地之后马上就奔赴另一个目的地，会彻底错过人生沿途的美妙景色。

总而言之，妈妈要对孩子有耐心，要安静地守护孩子的生命之花绽放，而不要试图缩短孩子成长的过程，剥夺孩子享受幸福和快乐的权利。

人人都知道昙花一现的美丽，却不知道昙花为了绽放付出多么长久的等待。孩子的成长也是如此，为了培养孩子专心致志做事的好习惯，妈妈还可以帮助孩子保持专注力，让孩子集中心力处理好自己感兴趣的事情，绝不打扰孩子。做事毛躁是一种难以戒掉的坏习惯，那么妈妈就要防患于未然，想方设法帮助孩子养成专心致志完成某件事情的良好习惯，让坏习惯逃之夭夭。

一分耕耘，一分收获

现代社会，因为生活压力的增大，工作节奏的加快，很多成人都深深感到生存的不容易。作为父母，不但要照顾好孩子的衣食住行、吃喝拉撒，还要为孩子将来的人生考虑，想方设法提升孩子的学习成绩，让孩子未来有好的生活。然而，正如人们常说的，一分耕耘，一分收获，种瓜得瓜，种豆得豆。对于孩子而言，学习上不可能一蹴而就获得成功，就算是那些平日里看起来轻轻松松就能考取好成绩的学霸，也一定在我们不知道的时候下足了功夫。有学习天赋的孩子况且如此，更何况资质平平的孩子呢。后者就更要全力以赴对待学习，也更要努力拼搏，才能为自己争取到更好的前途和未来。

就像每个成人都希望自己能够获得成功、出人头地一样，每个孩子同样希望自己的学习成绩能够出类拔萃、遥遥领先，也希望自己能够遥遥领先于同龄人，得到大家的认可和羡慕。但是孩子的自我控制能力是有限的，更缺乏自律力。为此，很多孩子在憧憬着考取好成绩之后，当受到玩耍的诱惑，他们马上又会玩耍，而不愿意束缚自己坚持努力，长期辛苦。当他们因为贪玩而落后于人，又会不屑一顾地对待他人取得的好成绩，或者以一句"走运"就概括了他人成功的经验。不得不说，孩子的这种思想很消极，也是不利于自身成长和发展的。

作为妈妈，一定不要在孩子面前说起某人天生就是学习的料，更不要告诉孩子他原本就不是学习的料。因为这相当于从根本上否定孩子对于学习的天赋，也相当于彻底断绝孩子学习的念头，让孩子对学习绝望，从此之后破罐子破摔。就像我们此前说的，作为妈妈在赞扬孩子的时候，要夸赞孩子勤奋努力，而不要一味地夸赞孩子聪明，是同样的道理。否则，会让孩子误认为只要聪明，即使不努力也能取得好成绩。反之，如果没有学习的天赋，即使再怎么努力，也无法获得任何成就。显而易见，这会让孩子消极对待学习，也会让孩子内心里失去坚持努力的勇气和毅力。妈妈要告诉孩子的是，种瓜得瓜，种豆得豆，只要努力做到笨鸟先飞，总能够有所进步。当孩子持之以恒地努力，渐渐地就会进步，也会在学习方面有更好的发展和成就。

玥玥是个非常努力的孩子，在学习上总是一丝不苟。虽然玥玥不是班级里最聪明的孩子，但是她的学习成绩始终稳定位于班级的上等生之列。为此，妈妈很为玥玥感到骄傲呢！

玥玥升入六年级，想要冲刺重点初中，得知玥玥的想法，妈妈尽管觉得玥玥冲刺重点初中会有些吃力，但是看到玥玥跃跃欲试的样子，妈妈还是大力支持玥玥。为此，妈妈为玥玥报名参加了课外补习班，利用周末的时间给玥玥开小灶。玥玥在认真完成学校里的学习任务之余，拼尽全力上补习班。然而，在经过半个学期的拼搏之后，期中考试玥玥的成绩很一般，并没有明显的进步。为此，玥玥有些沮丧，妈妈心知不妙，赶紧鼓励玥玥："玥玥，只要功夫深，铁杵磨成针。通过这段时间的刻苦学习却收效甚微，你现在知道班级里那些成绩始终名列前茅的同学，有多么辛苦了吧！"玥玥点点头，说："妈妈，他们一定比我付出了更多的努力。"妈妈说："的确，据我所知，你们班级里有好几个尖子生，学习一直很刻苦。"玥玥想了想，对妈妈说："我发现他们还很善于思考。例如我们班级里的数学委员，真是当之无愧的数学尖子生，每次老师出一道特别难的题目，我们想出一种解题办法都觉得很吃力，他却能够在想出一种办法之后，再想出至少一种办法，简直太厉害了。"

看到玥玥观察这么仔细，妈妈也趁热打铁："是啊，罗马不是一天建成的，好成绩也不是短时期内就可以获得的。在物理学上有一种现象，就是量变引起质变，你要坚持努力，以长期的坚持获得进步，好吗？"玥玥觉得妈妈说得很有道理，陷入了沉思，良久问妈妈："妈妈，你说我坚持到毕业考试，能提高吗？"妈妈说："当然能。退一步而言，就算不能显著提高成绩，你对于知识点的掌握也会更扎实，你的思路也会更开阔。"玥玥笑了。

在这个事例中，努力勤奋的玥玥迫不及待想要提高成绩，却没有在短期努力之后获得显著的进步。对于玥玥的困惑，妈妈及时给出解答，也激励玥玥继续努力，以量变引起质变。孩子在成长的过程中，必然会遭遇很多困境，也会碰到人生的不如意。在这种情况下，妈妈的引导对孩子起到至关重要的作用，妈妈一定要用心地慎重对待孩子，解答孩子的困惑。

现代社会，各种各样的娱乐方式，以及无处不在的电子产品，对孩子形成巨大的诱惑，常常导致孩子在学习上无法专心致志，也陷入困境。

所谓一分耕耘，一分收获，当其他孩子在玩耍的时候，你在努力地学习，你的回报一定与众不同。同样的道理，当其他孩子在努力学习，而你却在纵情玩耍，那么也就不要抱怨学习太难。妈妈一定要正确引导孩子，杜绝孩子不劳而获的思想，时常赞许孩子在学习上努力，这样孩子才会继续努力，再接再厉，在学习上有更突出的表现。

明确为孩子指出正确的做法

很多妈妈在孩子犯错误之后，总是歇斯底里，对着孩子大吼大叫，却丝毫没有意识到年幼的孩子无法从妈妈愤怒的情绪中明确自己的错误，反而会被妈妈吓得不知所措，甚至把事情搞得更加糟糕。不得不说，妈妈在批评孩子的时候进入一个误区，就是为了批评孩子而批评孩子，导致本末倒置，忘记了批评孩子的初衷。妈妈为何要批评孩子呢？究其原因，是为了让孩子进步，改正错误。但是如果妈妈总是对孩子品头论足，而忽略了告诉孩子正确的做法，则除了导致孩子精神紧张、情绪崩溃之外，根本没有任何好处。最糟糕的是，很多妈妈面对孩子反复出现的低级错误，只知道对孩子品头论足，也会口不择言给孩子贴上负面标签，独独不能发掘孩子的闪光点，给予孩子积极的评价。如此一来，孩子当然会觉得惶惑，也会因此与妈妈产生隔阂。

对于孩子的成长而言，妈妈的教育态度起到至关重要的作用。如果妈妈总是消极地对待孩子的错误，一味地指责孩子，就会让孩子渐渐失去信心，甚至自暴自弃。假如妈妈在指责孩子错误的时候，总是对孩子颐指气使，而丝毫不愿意顾及孩子的情绪，积极地鼓励孩子，则孩子就会故意与妈妈对着干，甚至让自己表现更差。所以妈妈在孩子犯错误的时候，一定要讲究方式方法。尤其需要注意的是，各个年龄段的孩子都有自尊心，作为妈妈，一定不要冷漠无情地嘲笑孩子，否则就会伤害孩子的自尊。

具体而言，妈妈应该怎样对待孩子呢？例如，小女孩正在学习做饭，对于帮助妈妈干家务也满怀热情。当看到小女孩煎鸡蛋的方式不对时，妈妈不要说："哎呀，你这个孩子怎么这么笨呢。我真是白养了你好多年，你连这么点儿事情都不好。"假设你是小女孩，听到妈妈这样充满否定和挖苦讽刺意味的话，你会怎么想？你一定感到万分沮丧，甚至叛逆地想：好吧，既然你这么认定我，我以后就什么都不要干好了！如果妈妈能换一种方式，耐心地对小女孩说："宝贝，你可真能干，都主动帮助妈妈做家务了。不过，煎鸡蛋这样的做法不对，你应该先把鸡蛋打在碗里，加入一点儿料酒和盐进行搅拌，然后再在锅里倒入油烧热，这样就不会在油热了之后才准备鸡蛋，导致自己手忙脚乱了。"这么说来，孩子知道自己错了，也知道自己怎么做更好，还得到妈妈的表扬，怎么会不主动地改正错误，把事情做得更好呢？！

小宇月考的成绩很差，数学只考了50多分。面对试卷上鲜艳刺目的成绩，妈妈简直歇斯底里。妈妈对小宇说："你这个孩子真是个饭桶！看看吧，我整日这么好吃好喝地伺候着你，你就算不能给我考个第一第二，也别总是倒数第一，让我去你们学校丢人现眼吧！现在好了，不但是倒数第一，而且还不及格了，简直丢死人了。"

妈妈数落了小宇一通，就气呼呼地去做饭了。小宇一头雾水地站在那里，眼睛里含着泪水，无所适从。他也很委屈，既不知道自己应该怎么样才能做得更好，也不知道如何订正试卷，说不定明天去学校还会被老师批评一通呢！但是看到妈妈大发雷霆，他也不知道如何请教妈妈，只好伤心地哭起来。

妈妈一定要选择正确的态度对待孩子，唯有如此，才能给予孩子正确的引导，也帮助孩子健康快乐地成长。就像是事例中的小宇妈妈一样，如果只是劈头盖脸地小宇一通数落，而没有告诉小宇应该如何去做才能改正错误，取得进步，那么就会导致小宇始终止步不前，在学习上陷入困境。

妈妈要记住，批评孩子的初衷是为孩子改正错误，帮助孩子取得进步，而不是向孩子发泄愤怒的情绪，让孩子成为妈妈的出气筒。认识清楚这一点，妈妈才能有的放矢地批评孩子。在批评孩子的时候，妈妈还要注意控制好情绪，而不要对孩子歇斯底里。归根结底，孩子毕竟是孩子，会因为妈妈的恶劣情绪感到害怕，也会因此而畏惧妈妈。很多孩子在犯错误之后总是逃避责任，推脱错误，就是因为他们担心因为犯错受到惩罚，也害怕自己无法承担严重的后果。给孩子安全感，是妈妈帮助孩子理性对待错误、冷静分析错误的根本解决之道。

告诉孩子，专心致志做好一件事

很多妈妈都非常关注孩子的学习，不但在孩子放学回到家之后给孩子提供好吃的好喝的，保证孩子摄入足够的营养，从而精力充沛地学习，还会在孩子写作业的时候陪伴在孩子身边，目不转睛地看守着孩子。在妈妈看来，这是在为孩子付出，也是切实有效地帮助孩子，从孩子成长的角度而言，妈妈这样的亦步亦趋是否能够真正地帮助孩子，是有待商榷的。毕竟孩子完成作业需要安静的环境，必须没有任何干扰才能做到专心致志，而妈妈在陪着孩子写作业的过程中，一旦看到孩子写错了某个地方，总是会当机立断为孩子指出错误。不得不说，这样做尽管能够及时纠正孩子，却在无形中打断了孩子的思路，导致孩子写作业的时候思绪不连贯，因而作业效率大大降低。

明智的妈妈知道，专注力对于孩子的成长起到至关重要的作用，如果孩子不具备专注力，那么在做很多事情的时候都会因为三心二意而导致效率低下，自然也就无法收到预期的效果。因而妈妈要在孩子小的时候，就有意识地培养和提升孩子的专注力。在孩子做作业的时候，妈妈最好不要陪伴在孩子身边。也许有的妈妈会说"不陪着孩子，孩子会走神，还会有很多小动作"，试问妈妈，你们能始终陪着孩子吗？如果答案是否定的，对于孩子成长而言，妈妈尽早放手，当然比晚放手更好。此外，妈妈随意指出孩子的错误，还会扰乱孩子的解题思路，导致孩子在解题的过程中，从原本的条分缕析状态，陷入思绪混乱的状态，这种状态对于孩子而言无疑是非常糟糕的，而且也不利于孩子的学习和成长。

妈妈要帮助孩子养成每次只专心致志做好一件事情的好习惯，也许仅从表面看来孩子做事情的效率降低了，而从长久的角度来看，孩子把每件事情都一步到位、按部就班地做好，实际上反而提升了效率，也让孩子的成长事半功倍。作为妈妈，一定不要着急，也耐心等待孩子在尝试的过程中，不断地提升自己的能力和水平，从而把每件事情都做得更好。尤其是妈妈不要贪心，孩子的成长原本就是一个循序渐进的漫长过程，妈妈一定要尊重孩子内心的节奏，耐心等待孩子，也给予孩子足够的空间去成长。当孩子在做某些事情的过程中出现错误的时候，妈妈也不要急于纠正孩子，而要管好自己的嘴巴和急切的心，等到孩子真正处理完手中的事情之后，再去认真纠正孩子，引导孩子发现错误的所在，给予孩子积极的指引。如此一来，孩子才能主动反思，也才能面面俱到地改正错误。

彤彤是个很要强的孩子，总是想把每件事情都做到最好。也因为对待学习很用心很勤奋，所以彤彤在各个学科上的发展还相对均衡，成绩都很优秀。

最近，学校里要进行各个学科的竞赛，彤彤在老师的推荐下要参加数学竞赛。当看到语文竞赛没有自己的分儿时，彤彤未免有些着急，当即找到老师要求也参加语文竞赛。老师有些为难，对彤彤说："彤彤，你的数学成绩很好，语文成绩也不赖。不过，老师觉得一个人的时间和精力是有限的，如果你能全力以赴参加数学竞赛，考出好成绩，就已经很好了。如果同时参加语文竞赛，还要参与正常的学习，无疑太疲劳了，也会分身乏术。"彤彤对老师的话不以为然，向老师保证："老师，我保证不耽误语文竞赛，都尽最大努力取得好成绩。"老师看到彤彤这么固执，便联系了彤彤妈妈。后来，在妈妈和老师的合力劝说下，彤彤才放弃同时参加两场竞赛，只把所有的时间和精力都用于准备数学竞赛。

既然是竞赛，就要努力争取考得好成绩，获得好名次。彤彤却有些贪婪，想要同时参加语文和数学两门竞赛，不得不说，彤彤把情势估计得过于乐观，对于自己的能力也过于高估了。每个人的时间和精力都是有限的，当在某个方面投入大量的时间和精力，在其他方面的投入自然会减少。所以老师不主张彤彤同时参加语文和数学竞赛，还特意邀请妈妈也一起劝说彤彤。

还有的孩子之所以分散时间和精力，不是因为贪婪，也不是因为自不量力，而是他们的专注力有限，所以会像小猫钓鱼一样，做事情的时候三心二意，总是做一段时间这件事情，就去做其他事情，完全没有长性。正如人们常说的，有志者立长志，无志者常立志。妈妈在教育孩子的过程中，当发现孩子做一件事情坚持不了多久就要放弃，一定要引导孩子努力坚持下去，否则孩子就会陷入一事无成的困境，也会渐渐地失去信心，做什么都没有最终的结果。当然，妈妈除了对孩子展开说教之外，也要以身示范，给孩子树立积极的榜样。这样才能在孩子的教育方面起到事半功倍的效果。

坚持，才能换取最终的胜利

常言道，坚持到底就是胜利，这句话充分告诉我们，每个人唯有坚持，才能取得最终的胜利。否则不管多么有天赋，也不管机会多么千载难逢，如果做事情总是三心二意，半途而废，则无论如何也不能取得最终的胜利，还会导致功亏一篑。

为了培养孩子坚持的好习惯，让孩子拥有顽强不屈的精神和坚韧不拔的毅力，当发现孩子意志力软弱、摇摆不定的时候，妈妈一定要给孩子鼓劲，带着孩子一起坚持。必要的情况下，妈妈还要以身示范，从而给孩子树立积极的榜样，让孩子以妈妈为标杆，努力坚持，绝不放弃。在这种关键时刻，妈妈对孩子还要有狠心，不要因为看到孩子一时很疲惫，或者非常辛苦，就马上对孩子动了恻隐之心，给孩子松劲，放纵孩子放弃。否则，就会一失足成千古恨，未来孩子不但做这件事情容易放弃，而且在做很多事情的时候都缺乏坚持的精神，导致没有长性。

古往今来，无数成功人士之所以能够获得成功，并不是因为他们有好运气，或者独具天赋。反而，他们也许资质平庸，也吃了比常人更多的苦。那么，为何他们能够获得成功，而很多人却始终与失败纠缠不休、与成功失之交臂呢？曾经有心理学家经过研究发现，大多数人在天赋方面相差无几，之所以有的人成功，有的人失败，就是因为每个人对待挫折和坎坷的态度截然不同。大多数成功者都有坚韧不拔的毅力，而大多数失败者都是很容易放弃的人。作为妈妈，当对孩子望子成龙、望女成凤，眼巴巴地盼望着孩子能够获得成功的时候，一定要注重培养孩子坚持的品格。除了对孩子言语教导之外，当妈妈在生活中遭遇坎坷挫折的时候，也要对孩子以身示范，给予孩子积极的教育和引导，从而才能更加坚定孩子的意志，也让孩子切实领悟到坚持才能胜利的深刻道理。

晨晨是一个没有耐性的孩子，也许是因为从小就接受爸爸妈妈无微不至的照顾，也被祖辈宠爱，所以晨晨习惯了衣来伸手、饭来张口的生活，不管做什么事情，都经不起小小的挫折，总是过于急躁，想要一次性地就完成。随着不断的成长，晨晨面对的生活越来越复杂，他的生活内容也不仅仅局限于吃喝玩乐。尤其是上了幼儿园大班之后，老师经常布置一些有难度的作业，晨晨总是很厌烦。

有一次，老师布置作业，让小朋友回家和爸爸妈妈一起完成一串红的美术作品。妈妈虽然辛苦工作一天很疲惫，还是耐心地陪伴着晨晨完成作业。没想到，晨晨才和妈妈一起做作业5分钟，就跑去看动画片了，不管妈妈怎么呼唤他，引导他，他就是不愿意继续做作业，而把作业丢给妈妈独立完成。妈妈意识到晨晨缺乏耐心，便想锻炼晨晨的耐力，引导晨晨坚持做好每一件事情。一个偶然的机会，妈妈发现晨晨很喜欢玩拼图，虽然对于老师布置的作业没有耐心，但是在完成拼图的时候，晨晨却总是能够坚持比较长的时间。为此，妈妈用心地选购了晨晨喜欢的拼图，从大块少量的拼图，到小块少量的拼图，再到数目众多的小块拼图。在长达两年多的时间里，全家人都在齐心协力，和晨晨一起努力完成拼图，已经升入小学的晨晨，也变成了一个很有耐心、极具毅力的孩子。

人生恰如拼图，没有人从一出生就能拥有宏伟蓝图，大多数人在成长的过程中，总是要耐心细致地去一点点拼凑，才能让人生的宏图从无到有，从初具轮廓到渐渐地充实、丰满。也有的人天生没有耐心，在后天的成长中也没有学会坚持，因而就只能半途而废，把已经拼凑一部分的人生就这样丢弃了，最终一事无成，人生落魄。

人生是需要坚持的，唯有坚持，才能从量变到质变，唯有坚持，才能"山穷水尽疑无路，柳暗花明又一村"。在上海卫视的一期《生命时速》栏目中，作为120的救护小组，三人行的医生、急救员、司机等，接诊到一个已经失去呼吸和心跳的老人。他们没有放弃，当即按部就班对老人展开救治，而且以最快的速度把老人送到医院。到了医院，医生也继续对老人进行复苏抢救，半个小时之后，老人居然奇迹般地恢复了心跳和血压。这是生命的奇迹，但是这个奇迹却是急救人员和医护人员决不放弃才争取到的。如果他们在接诊老人之后，虽然对老人进行常规急救，但没有坚持下去，那么老人就会被宣布死亡，无法获得重生。生命是有奇迹的，奇迹却由坚持创造出来。作为孩子，生命更是充满了无限的可能性，妈妈更要教育孩子坚持不懈，也要引导孩子在任何恶劣的情况面前都绝不低头，充满生命的张力，才能给生命争取到最圆满的结果。

每个妈妈都希望孩子能够成功，能够出类拔萃、出人头地，那么就不要忘记告诉孩子，成功源于坚持，成功就是决不放弃，持续努力。当孩子拥有坚韧不拔的品质，能够在任何恶劣的情况下坚持到胜利的到来，孩子就掌握了人生的秘诀，也能够拥有充实的、无怨无悔的、成功的人生。

第9章
妈妈会自控，孩子好心情

当妈妈情绪失控，孩子如何能拥有好心情呢？当妈妈情绪失控，孩子的情绪也会陷入歇斯底里的崩溃边缘。为此，妈妈要想让孩子拥有好情绪，就要首先控制好自己的情绪，才能保证孩子心情愉悦、情绪稳定，也才能让孩子在成长的过程中拥有更多美好的回忆和人生的经验。

妈妈脾气坏，教育无头绪

要想教育好孩子，最糟糕的情况是什么呢？对于这个问题的回答，千奇百怪，五花八门。有人说父母的贫穷，会限制孩子的成长；有人说父母文化层次低，导致孩子的人生起跑线很落后；有人说出生在偏僻的小山村，孩子要多奋斗几十年，最终达到的高度也不如其他孩子的起点那么高；也有人说家庭不健全，孩子的内心也会扭曲……固然，这些回答中列举的因素都会影响孩子健康成长，但是，真正会给孩子接受教育带来灾难性打击的却不是这些因素，而是妈妈的坏脾气。

妈妈的坏脾气会给孩子的教育带来怎样的负面影响呢？很多人根本想象不到。坏脾气的妈妈就像是一个不定时炸弹，充满了不确定性，也许前一刻还是风和日丽，后一刻就因为不知名的原因而轰然爆炸；坏脾气的妈妈情绪很不稳定，时而兴高采烈，时而郁郁寡欢，有的时候针对孩子的相同表现，她们也会做出截然相反的反应，这让孩子感到丈二和尚摸不着头脑，丝毫没有安全感可言；坏脾气的妈妈总是悲观绝望，在孩子刚刚出生的时候恨不得把孩子看成完美无瑕的天使，在对孩子感到不满意之后，又马上会对孩子颐指气使，提出各种苛刻的条件，使孩子无所适从；坏脾气的妈妈就像是孩子人生的噩梦，常常使孩子在面对崩溃的、歇斯底里的妈妈时，怀疑自己是否还有存在的必要……总而言之，坏脾气的妈妈因为情绪如同过山车，无法给孩子稳定持久的爱，也常常会让孩子陷入人生的困惑状态而无法自拔。

　　妈妈的坏脾气不但会影响对孩子的教育，也会对妈妈自身起到负面消极的作用和影响。首先，坏脾气就像是乌云，瞬间让妈妈的人生天空暗无天日；其次，坏脾气就像是一种流感病毒，传播性很强，会让妈妈身边的人也都情绪恶劣和糟糕；再次，坏脾气的妈妈因为愤怒而陷入歇斯底里的状态，导致思维混乱，在情绪失控的一瞬间，智商和理性都归零；最后，坏脾气的妈妈还会口无遮拦，不知不觉间就在冲动状态下说出伤害孩子心灵的"恶毒"语言，即使事后懊悔不已，也于事无补。看看吧，坏脾气的妈妈对于孩子的教育起到的负面作用和影响有多大，这种负面作用和影响还会从侧面包围孩子的生活，严重影响孩子的生活环境和教育环境。所以明智的妈妈在意识到自己的坏脾气之后，会主动改变坏脾气，也会最大限度调整好自己的心情和情绪，帮助自己恢复平静和理智。

　　教育孩子绝不是一蹴而就的事情，而是一场持久战。当妈妈习惯性地因为孩子的教育问题而歇斯底里，日久天长形成习惯，必然导致家里乱成一锅粥。好妈妈即使没有好情绪，也能学会控制自己的情绪，避免自己被情绪驱使，变成一头失去控制的野兽。尤其是在教育孩子的时候，因为孩子处于成长的阶段，身心都很脆弱稚嫩，而妈妈作为教育的主导者，作为与孩子之间亲子关系的主导者，就更要承担起引导亲子关系顺利发展的重任，也要给予孩子更多的照顾和陪伴。

　　当妈妈情绪崩溃，肆无忌惮地发泄情绪，即使事后表示悔改，对孩子进行弥补，也无法挽回恶劣的后果。凡事与其等到亡羊补牢，不如未雨绸缪，防患于未然。为了帮助自己舒缓情绪，妈妈还可以多多学习一些儿童心理学的知识，从而做到洞察孩子的心理状态，也积极有效地帮助自己理解孩子的行为表现和身心发展特点，从而疏导自身的情绪，成为一个平和的妈妈。细心的妈妈经过回忆会发现，当对孩子心平气和、和颜悦色的时候，也就是亲子关系最为和谐融洽的时候。当对孩子声色俱厉、颐指气使的时候，也就是亲子关系紧张、孩子故意与父母对着干的时候。从这个角度而言，妈妈先不要急于教育孩子，而要有意识地提升和修炼自己的内心，从而把自己从坏脾气的妈妈变成好情绪的妈妈，也让自己与孩子的沟通更顺畅，交往更融洽。

好妈妈知道如何控制情绪

妈妈是孩子的第一任老师，孩子不但受到妈妈耳濡目染的影响，向妈妈学习好的方面，也会在不知不觉中学习妈妈不好的方面。尤其是妈妈的情绪，对于孩子的影响更大、更深远。因而好妈妈首先要做到控制情绪，从而才能对孩子起到积极的教育和引导作用，也帮助孩子健康快乐地成长。

情绪具有包裹性，会在不知不觉中影响身边的人，也对身边的人形成全方位的包裹。情绪还会在家庭成员之间传染、传承，使得在同一个家庭中，很多成员都表现出相似的情绪特点。当妈妈对成人发脾气，成人也许会因为妈妈的坏脾气而疏远妈妈，当妈妈对于孩子发脾气，这对于孩子而言简直就是一场灾难，因为孩子的模仿能力很强，在有意识或者无意识地学习中，孩子都在模仿妈妈。正因为如此，人们才说父母是孩子的第一任老师，而孩子则是父母的镜子。从这个角度而言，当父母发现孩子的身上出现一些瑕疵或者很大的缺陷，不要急于批评和否定孩子，而是要首先反思自己，从自身寻找原因，这样更有利于有的放矢地解决问题。

帅帅是个暴脾气的小伙子，尤其是最近，动辄就会大喊大叫，常常与妈妈对着干。虽然妈妈原本也是个坏脾气，常常发脾气，但是现在却因为帅帅的脾气越来越失控而发愁。有一天，妈妈和帅帅说起学习上的问题，原本妈妈是心平气和地与帅帅沟通，不想帅帅却当即发怒，对着妈妈吼道："你总是唠叨不休，烦不烦人啊！我要是长大了，一定要离家出走，躲开你远远的。"听着帅帅这样高八度的声音，妈妈感到很委屈，也当即翻脸："哎哟，你倒是翻脸无情啊。我可是在好好和你说话，你先生气，就别怪我以更坏的脾气对你。"就这样，娘俩原本还和风细雨呢，突然之间就杠上了，谁也不服气谁，吵闹不休。在一旁的爸爸很无奈，也不知道如何平息战火，只好保持缄默。

等到晚上，爸爸私下里提醒妈妈："你以后和孩子说话能不能情绪平和一些。你看看吧，就是因为你脾气不好，和孩子说话总是大吼大叫，所以帅帅的脾气也越来越坏。"听到爸爸的话，妈妈当即不乐意："哦，是吗，你儿子脾气不好都怪我啊！你脾气好你管他啊，我看你也是好不容易在家一天，不出三句话，马上就会声音高八度，和孩子呛呛起来。就你这样，还有脸说我吗？！"爸爸好心好意劝说妈妈，被妈妈一顿抢白，为了避免争吵，只好沉默下来。后来，妈妈冷静下来，意识到爸爸说得有道理，开始默默地调整情绪，积极地改变自己。

每次要与帅帅发脾气的时候，爸爸的话就回响在妈妈耳边，尤其是当想到将来有一天，帅帅也会以加倍的恶劣脾气来对待自己，妈妈就更加努力控制自己，收敛坏情绪。经过半年多的调整，妈妈的情绪问题得到有效缓解，帅帅也在妈妈的忍耐和自控下，终于可以心平气和地与妈妈沟通。

看着一片祥和的家庭氛围，爸爸高兴极了。

当妈妈发现孩子的脾气很糟糕，要进行自我反思，从而进行深刻的自我反省。通常情况下，孩子受到妈妈的负面影响，导致脾气变得糟糕，情绪出现波动，性格也非常极端和执拗，要从以下几个方面进行思考。首先，妈妈情绪糟糕，总是乱发脾气，会导致整个家庭环境都变得压抑。家庭环境是孩子赖以生存的环境，日久天长，孩子就会理所当然地认为压抑的家庭环境是正常的，因而全盘接受这样的环境，甚至无意识地创造这样的环境，由此导致家庭环境陷入恶性循环之中。其次，孩子非常信赖妈妈，从出生就接受妈妈无微不至的照顾，也在不知不觉之中努力地学习妈妈，模仿妈妈。孩子还缺乏甄别能力，理所当然认为妈妈所做的一切都是正确的，因而也仿照妈妈的做法去做，绝不怀疑妈妈有任何错误。最后，孩子最初目睹妈妈发脾气的样子，会觉得很可怕，甚至稚嫩的心灵也受到伤害，内心充满恐惧。但是，在恐惧之余，孩子也会变得更加敏感，哪怕在成长的过程中遭遇小小的不如意，也会如同烈火烹油一般马上爆发，而根本没有能力控制和主宰自己的情绪。如果说每个人都是一个炸弹，普通的稳定的炸弹只有一个引信，而这样的孩子却有太多的引信，也导致全方位无死角地不能被引燃，否则马上就会轰轰烈烈地爆炸。

很多妈妈都希望孩子性格平和，却完全忽略了自身的坏情绪给孩子带来的负面影响和成长过程中的伤害。在意识到妈妈的坏情绪导致孩子的成长面临诸多困惑和困境之后，妈妈应该积极主动地调整情绪，控制情绪，让自己成为情绪平和的好妈妈，从而才能引导孩子健康快乐地成长。记住，唯有妈妈情绪健康，孩子才能性格平和，整个家庭也才会保持愉悦、和谐、融洽的气氛。

以柔克刚，无形中改变孩子

面对状况百出的熊孩子，妈妈都是如何平复心情的？如果让坏情绪占据头脑，妈妈一定会歇斯底里，甚至导致自己情绪崩溃，无法自控。那么，妈妈为何要发脾气呢？就是因为要借此机会表现自己的强势，也想借助于有理声高的气势，在孩子面前树立威信。从心理学的角度而言，有理声高，实际上就是一种误会和曲解，尤其是妈妈对待孩子，更不要采取这样的态度和方式。相比起强势的妈妈，孩子们更希望得到妈妈平和的态度和平等的对待。从另一个角度来看，还可以说妈妈的吼叫是心虚和脆弱的表现。真正有力量的妈妈，不会以刚强对待孩子，反而会以柔克刚，从而无形中改变孩子。

妈妈必须意识到，每个孩子都会出现各种各样的问题，尤其是在成长的过程中，他们更是会因为知之甚少、情绪冲动、缺乏人生经验，而走更多弯路，甚至涉嫌故意犯错误。妈妈对待孩子一定要摆正心态，要告诉孩子有的事情有一定之规，有的事情需要灵活处理，而如何随机应变需要把握好其中的度。孩子喜欢温柔的妈妈，喜欢如水的力量，因为孩子自身虽然顽皮，却是本能使然，他们的内心其实是很柔软也充满灵性的。所以妈妈对待孩子，一定要用心、用爱，也给予孩子全方位细致的关怀。

妈妈发现升入幼儿园大班的爱秀脾气越来越坏，而且行为更加顽劣。小时候还能好好坐着吃饭的爱秀，近来吃饭的时候上蹿下跳，几乎没有安生和消停的时候。有一次，爱秀吃饭的时候坐在椅子上不停地扭来扭去，居然从椅子上掉了下来，摔在地上。爱秀感到疼痛，哭了起来，妈妈生气地对爱秀说："爱秀，你可真是讨厌啊。摔下来都是你自己活该，你还有脸哭。"被妈妈批评，爱秀更加委屈，哭得更大声，妈妈也变得歇斯底里："还哭，还哭！再哭，你就不要吃饭了，就去旁边站着看我们吃！或者出门去，站到门外，我可不想看着你哭！"爱秀被妈妈一番训斥，乖乖地站起来，坐到椅子上，眼睛里始终含着泪水。

又有一次，爱秀吃饭的时候忘记妈妈的嘱咐，又开始不停地扭动，不小心把桌子上的饭碗打翻，饭菜撒了一桌子。妈妈看着爱秀，还没有开始说话呢，爱秀突然胆怯地问妈妈："妈妈，你是不是不想要我了？"妈妈看着爱秀胆小的样子，突然间想起自己上次在爱秀从椅子上摔下去时所说的恶言恶语，心中未免感到后悔和心疼，赶紧抚摸着爱秀的脑袋说："爱秀，妈妈当然要你啦，你是妈妈的小宝贝。不过，妈妈希望你要乖乖坐好，认真吃饭，否则摔倒了，或者被热饭热菜烫伤，你就会感到很难受，知道吗？"爱秀看到妈妈没有批评她，感动得眼睛里充满泪水。后来，妈妈不管再遇到什么事情，都不会肆无忌惮地对爱秀说出恶言恶语，因为她知道自己无意间说出来的话，也许就会在爱秀心中造成难以挽回的影响。

很多妈妈在教养孩子的过程中，虽然知道对孩子保持平和的情绪非常重要，但是她们却常常对孩子感到无奈和抓狂，尤其是在孩子屡次犯错误的时候，她们会有歇斯底里。当妈妈被愤怒的情绪冲昏头脑，就会在不知不觉间说出恶言恶语，从而会给孩子带来严重的伤害。有的时候，妈妈对于自己说出去的话已经忘记，但是孩子的心却在滴血，这都是因为妈妈不懂得如何控制好自己的情绪，也不能够坚持对孩子和颜悦色导致的。

如果说孩子小时候，妈妈的坏情绪会让孩子感到恐惧，那么随着孩子渐渐长大，妈妈的坏情绪则会在孩子心中留下深深的伤痕。作为妈妈，在孩子小时候要尊重孩子，了解孩子，等到孩子长大了，则要认识到孩子作为独立生命个体的特性，尊重孩子的想法，守护好孩子的成长，这样才能最大限度激发孩子生命的潜力。

要想对孩子温柔以待，妈妈就要控制好自身的情绪，拥有稳定的情绪气场。只有情绪平和、言语宽和的妈妈，才能为孩子营造健康良好的生存环境。否则，当妈妈总是歇斯底里，动辄就对孩子大发雷霆，则孩子很难以好情绪对待妈妈，更不可能切实有效地采纳和执行妈妈的建议。很多妈妈在对孩子歇斯底里习惯之后，总是抱怨孩子不愿意听从她们的建议，实际上，这都是因为孩子在成长的过程中，已经对妈妈不正确的教育方式感到麻木导致的。细心的妈妈还会发现，在很多场合，一个人把声音提高八度并不能起到良好的效果，反而在把声音降低之后，更能够吸引他人的凝神倾听。总而言之，作为妈妈，不管是从引导孩子的角度，还是从与孩子交往的角度，都要以柔克刚，以平和的心态和情绪润物细无声地滋润孩子的心灵。

与孩子之间建立情感联结

当孩子犯错误，作为妈妈，到底为何批评孩子呢？是想让孩子为此对自己道歉，还是想在孩子面前展现自己的权威，又或者真的是为了给孩子指出错误，帮助孩子改正错误，以后避免犯错误呢？看到这一连串的问题，相信大多数妈妈都会选择最后者，因为这样才能帮助成长。然而，理想是美好的，现实是残酷的。很多妈妈尽管想要帮助孩子成长，避免孩子犯错，实际上当孩子真正犯错，大多数妈妈都会歇斯底里，根本无法控制好自己的情绪。

孩子虽然小，却有敏锐的感知力，当他们发现一旦自己犯错，妈妈就会勃然大怒，他们对于自身的关注点就不再是集中于错误本身，而是会非常着急地向着妈妈道歉，甚至完全忽略了自己的错误。不得不说，这样条件反射式的道歉，对于孩子的成长根本没有任何好的效果。作为妈妈，也应该反思自己：到底是自己哪里做错了，才会让孩子一旦犯错就急于道歉，甚至在不知道自己是否真的犯错的情况下，就以道歉先安抚妈妈的情绪，让妈妈不要生气。试问妈妈，哪个孩子在成长过程中不会犯错呢？就算是成人，也不能保证自己的成长面面俱到，毫无疏漏。犯错不可怕，最重要的是在犯错之后，能够深刻反思错误，有的放矢地改正错误，这样才能获得成长，不断提升和完善自我。

对于妈妈而言，教育的目的绝不是让孩子成为一个善于认错和道歉的人，而是要让孩子有主见，有独立性，知道自己到底哪里错了，也知道自己如何做才能改正错误，表现更好，这才是最重要的。当然，母子之间相处的模式、关系的建立，妈妈起到重要的主导作用。如果妈妈在与孩子相处的过程中对孩子采取错误的教养方式，或者对于孩子有很多不切实际的奢望，对于孩子而言，这必然是一种压力和负担。就像海水有自净能力一样，孩子也有自净能力。妈妈要相信孩子，给予孩子一定的时间和空间去反省自身的错误，而不要急于批评孩子，更不要急于让孩子承认错误和道歉。

明智的妈妈应该与孩子建立情感联结，从而与孩子之间真正实现真心交流和沟通，而不要总是以权威强迫孩子对妈妈做出条件反射般的反应，否则会导致孩子对于成长产生更多的困惑，甚至会导致孩子没有任何进步。

　　妈妈有些洁癖，无法忍受家里的脏乱差，尤其是不能忍受地板肮脏。为此，只要有时间，妈妈就会不辞辛苦地把地板打扫干净。当然，当看到晨晨不小心把地板弄脏，妈妈也会马上批评晨晨。有一次，晨晨喝水的时候，不小心把水洒到地板上，妈妈很生气，当即怒斥晨晨："你怎么了？这么大的人连个水杯都拿不好吗？还是你的嘴巴有些漏水啊，导致水流得到处都是呢？"听到妈妈的训斥，看着妈妈勃然大怒的样子，晨晨赶紧向妈妈道歉。

　　又有一次，家里来了客人。吃饭的时候，晨晨小心翼翼，生怕自己会把饭菜撒到地上。然而，真是怕什么来什么，一不小心，晨晨把菜汤弄到地上，因为有客人在，妈妈只是无奈地看了晨晨一眼，并没有批评晨晨，晨晨却当即连声向着妈妈道歉："妈妈，对不起，对不起，我不是故意的。真的对不起，妈妈，我马上去拿纸把地板擦干净。"客人觉得很纳闷，说："晨晨，你怎么这么紧张啊！"晨晨对客人说："妈妈不允许把地板弄脏。"客人转过头看着妈妈，妈妈有些不好意思，说："这个孩子毛手毛脚的，总是把东西撒到地上。"客人笑了，说："小孩子弄脏地板很正常啊，不要这么紧张。地板脏了可以擦，让孩子对于地板这么敏感，就不好了。在家里形成这样的习惯，孩子以后走出家门，还是会对地板敏感。"妈妈觉得客人说得很有道理，连连点头。

　　在这个事例中，妈妈与晨晨之间的情感联结，是假联结，从本质上而言，更像是一种条件反射。作为妈妈，并没有从正面告诉孩子如何改正错误，避免犯错，而只是以严厉的训斥导致孩子在犯错之后马上就会一连声地道歉，使得孩子在犯错之后精神紧张，根本无法有效地缓解自身的情绪，更不可能理性地反省错误，卓有成效地改正错误。在这样的教育方式下成长的孩子，未来只会以道歉逃避责任和责骂，而不会有效地提升和完善自己。

妈妈与孩子之间建立情感联结，能够帮助孩子保持理性，也可以增进亲子之间的关系，加深亲子之间的感情。妈妈一定要理解和支持孩子，更要设身处地站在孩子的角度上考虑问题，体谅孩子的感受。这样一来，孩子在需要的时候才会信任妈妈，也让自己与妈妈之间的关系更加和谐融洽。妈妈一定要学会控制自己的情绪，也掌握与孩子沟通的技巧和方式，这样才能给予孩子理性的、有效果的帮助和引导。

简而言之，与孩子建立情感联结，就是要站在孩子的立场上考虑问题，从而理解和包容孩子的情绪，也能够让孩子因为得到了妈妈的认可，从而对妈妈从谏如流。每一位妈妈都是成年人，都要避免与孩子之间的关系变得矛盾和尖锐。妈妈学会控制情绪，以智慧对待孩子，孩子才能从妈妈的教养中汲取养分，从容地成长。记住，对孩子的爱，永远是妈妈与孩子情感联结的纽带。也只有以爱作为深厚的沉淀和基础，妈妈和孩子之间才会彼此接纳，相互宽容。这就是爱的力量。

学会放松心情，减轻压力

很多妈妈都会抱怨自己整日操劳和忙碌，身心疲惫。的确，有些妈妈是职业女性，不但要做好工作，还要同时兼顾家庭和孩子，的确是非常忙碌的。还有些妈妈尽管是全职家庭主妇，以相夫教子作为主要工作，但是照顾家庭也很不容易，尤其是教养孩子的重任，更会让妈妈付出更多的时间和精力。在这种情况下，如果孩子的成长能够达到妈妈的预期，则妈妈还能得到安慰，反之，如果孩子的成长事与愿违，总是让妈妈感到无奈和遗憾，则妈妈的情绪会更加波动，甚至还会对生活怨声载道。由此可见，不管是职业女性还是全职妈妈，每天都要面对很多事情需要处理，在负担起对孩子教养的重任之余，也常常会因为孩子的成长不尽如人意而感到为难，那么就要协调好工作、生活与家庭、孩子之间的关系，才能最大限度地发挥自身的能力，也才能卓有成效地与孩子相处，建立深厚的亲子感情和融洽的亲子关系，使得家庭教育事半功倍。

现代人都承受着巨大的生存压力，作为妈妈，不但要承担属于自己的压力，在教养孩子的过程中，还要为孩子承担更多压力。尤其是很多妈妈望子成龙、望女成凤心切，总是迫不及待想给孩子最好的教育，让孩子马上成长，这样必然导致自己更加焦虑。实际上，妈妈一定要学会给自己减压，才能保持情绪的平稳，也给予孩子更好的教育。如果，妈妈总是陷入情绪的旋涡而无法自控，因为焦虑而倍感煎熬，如何能够给予孩子更多的陪伴，更好的教育呢？！作为妈妈一定要知道，如果说家庭环境是孩子成长的土壤，那么妈妈的情绪则是家庭环境的风向标，决定了孩子成长的环境。

最近，因为家里老人生病，妈妈真的是压力山大。妈妈不但要工作，还要照顾家庭，还要每天做好了饭菜送到医院里给住院的老人吃，有的时候，还需要与医生一起确定手术方案，制订手术计划。正是在这样的情况下，妈妈觉得内心非常焦虑。

　　有的时候，小豆无意间犯下一个错误，妈妈就会歇斯底里，情绪崩溃。对于妈妈的表现，小豆也觉得很无奈。小豆才8岁，虽然偶尔能够看出来妈妈心情不好，也知道妈妈因为姥爷生病的事情很着急，却不知道妈妈为何总是板起面孔，一副苦大仇深的样子。有一天，学校里发了通知，次日要去春游。为此，小豆回家把这个好消息告诉妈妈，还当即催促妈妈带着他去超市里购买春游的零食，妈妈却对着小豆一通训斥："吃吃吃，你就知道吃！你可知道，姥爷在医院里躺着呢，咱家债台高筑，你还过得挺舒坦。"原本兴高采烈的小豆，就像被泼了一盆凉水一样，瞬间失去笑容。小豆很委屈，眼泪流出来，对妈妈说："妈妈，我做错什么了，你要批评我啊！"看着小豆可怜兮兮的样子，听着小豆的质疑，妈妈当即感到懊悔：是啊，孩子做错什么了？我要这么训斥他呢？

　　后来，爸爸劝说妈妈放松心情，而且也竭尽全力帮助妈妈去医院里给姥爷送饭，代替妈妈在医院里给姥爷陪夜。随着姥爷的病情渐渐好转，妈妈的心情也越来越放松，终于又绽放笑颜。小豆看着心情大好的妈妈，对爸爸说："爸爸，咱们家终于又见到太阳了。"

　　没错，在孩子心目中，妈妈的心情很重要。因为如果妈妈心情不好，就会导致情绪焦虑，也会使得孩子在成长的过程中承受巨大的压力。反之，如果妈妈心情好，则整个家庭就像是乌云散去，重见天日一样，所有的家庭成员都会感到非常轻松，心情愉悦。

　　妈妈一定要学会给自己的心情放假，即使工作压力很大，工作生活都很辛苦，也依然要努力调节心情，从而才能与孩子之间建立友好的关系，增进感情。遗憾的是，有很多妈妈在情绪焦虑时，都无法调整好自己，也会时不时地对孩子发泄情绪，导致孩子的心情也郁郁寡欢。作为妈妈，一定不要任性，更不要对孩子肆意发泄情绪。面对繁重的生活和工作，妈妈首先要分清楚轻重缓解，从而有效分配自己的时间和精力，而不要总是对于生活有太多的抱怨。此外，妈妈还应该培养兴趣爱好，从而在繁忙的工作之余，也可以做自己喜欢的事情，帮助自己放松心情。

现代社会发展速度快，如果对于自己和他人预期过高，就会无形中增大压力。如果妈妈能够以平常心对待自己和孩子，不要怀有过高的期望，则一切都会有所好转。作为妈妈，固然要对孩子寄予期望，也要对孩子期望适度，而不要总是以过度期望给孩子过高的压力，也导致孩子因此而压力沉重。很多妈妈还会犯这山看着那山高的错误，总是觉得自家的孩子不如别人家的孩子优秀，殊不知，拥有的就是最好的，唯有珍惜拥有，妈妈才能把日子过得风生水起，也才能在教育孩子方面事半功倍。

敏感的妈妈，更能觉察孩子情绪

很多妈妈都会在不知不觉间犯先入为主的错误，她们虽然理智上知道要尊重孩子的意愿，体察孩子的情绪，但是一旦到了实际事情上，就会完全忘记教育的原则和初衷，常常陷入愤怒和冲动的情绪之中，导致教育孩子时情绪失控，甚至口不择言对孩子说出过激的话。妈妈要知道，孩子虽然因着父母来到这个世界上，但并不是父母的附属品，也不是父母的私有财产。尤其作为妈妈更要承担起照顾孩子的重任，从而在身体与心理方面都满足孩子的需求。

理性上，大多数妈妈都知道应该怎么做，也知道应该照顾孩子的情绪，但是当实际操作过程中孩子出现反常，或者犯了严重的错误，妈妈则总是会变得情绪冲动。然而，孩子渴望得到妈妈公平公正的对待，也期待着能够得到妈妈的尊重。为此，妈妈要把理论与实际联系起来，从而给予孩子更好的照顾。当妈妈能够觉察孩子的情绪，她们才能照顾孩子的情绪，也才能有的放矢安抚孩子的情绪。

成成放学回到家里，沮丧地坐在沙发上，丝毫也提不起兴致来。妈妈看到成成的样子，着急地催促："成成，作业写完了吗？"成成很厌烦地看了看妈妈，没有回答问题。妈妈很惊讶，说："咦，你这个家伙怎么了？连妈妈的关心都不回应。"成成不满地说："你这是关心我吗？你关心的就是学习，根本不是关心我。"

妈妈平白无故遭到成成一番抢白，说："我关心学习不就是关心你吗？你学习好坏和我有什么关系，但是你学习好就能有好的前途，将来你自己就生活得幸福。你学习不好，前途暗淡，未来前景堪忧。真是狗咬吕洞宾，不识好人心啊！"成成不屑一顾地反驳："切，你到底关心什么，你心里清楚。"就这样，妈妈与成成的沟通很不愉快。

在这个实例中，妈妈看到成成情绪异常，并没有真正关心成成，而是借口关心催促成成写作业。实际上，孩子尽管小，心里却很清楚，他们对于父母的态度有敏锐的感知，尤其是对于妈妈的态度非常在乎和重视。假如妈妈能够调整思路，把对成成的关心放在第一位，而把对作业的关心放在第二位，先询问成成是否发生什么事情，再询问成成准备何时完成作业，则效果会好得多。

大多数妈妈在和孩子朝夕相处的过程中，都能敏感觉察到孩子情绪的异常。然而，在与孩子进行沟通的时候，却会误入歧途，陷入困境。那么，当孩子情绪异常时，妈妈应该如何表达自己的关心呢？首先，妈妈在对孩子表达关心的时候，最好以开放式提问进行，而不要以疑问句和反问句的方式进行，否则会在不知不觉间流露出对孩子的质疑，给孩子带来糟糕的感受。其次，当发现孩子情绪异常，也询问出孩子为何情绪异常之后，妈妈还要设身处地站在孩子的角度考虑问题，从而更加深入地体察孩子的情绪，理解孩子的感受。很多妈妈总是以己度人，以自己作为成人的视角和思维去揣测孩子，难怪会引起孩子的反感，导致孩子对妈妈意见很大呢！好妈妈与孩子心连心，前提就是了解孩子的内心世界，也能最大限度感知和体察孩子的情绪，包容和宽宥孩子。唯有如此，亲子关系才会发展顺利，亲子感情也会日渐深厚。

第 10 章

妈妈愿反省，孩子愿改变

所谓金无足赤，人无完人，这告诉我们这个世界上的每个人都不可能十全十美，一个人要想取得长足的进步，就要努力反省自身，意识到自己的错误、缺点和不足，才能有的放矢地提升和完善自己。作为妈妈，既然承担着教育孩子的重任，也要积极努力地改变自己，才能最大限度地打开心扉，为孩子改变和创新，从而与孩子携手并肩，一起努力成长。

好妈妈更谦虚

在封建家长制思想的影响下，很多妈妈都高高在上，端着家长的架子，维护家长的权威，而对孩子颐指气使，居高临下。难道说因为妈妈是妈妈，就一定比孩子更高一筹吗？其实不然。妈妈并不会因为自己在家庭中的身份地位，而理所当然比孩子更高明，或者更正确。在教育孩子的过程中，妈妈一定要摆正自己的位置，不要总是想要压制孩子，而是要给予孩子更大的空间去努力地成长。如果妈妈总是批评和否定孩子，而给孩子灌输妈妈一切都是正确的思想，则渐渐地孩子就会失去主见，不管何时都盲目听从妈妈的建议，即使长大之后也不能坚持自己的思想，做自己该做的事情。可想而知，这样的思想对于孩子而言，必然导致其人生陷入困境。

想当一个合格的妈妈，并不是一件容易的事情。想当一个优秀的妈妈，更是会难上加难。从封建家长制的教育模式，要想转化为和谐民主的家庭氛围及开明的教养模式，甚至在家庭教育中争取百花齐放、百家争鸣，也给孩子表达的时间和空间，这无疑需要妈妈和孩子一起努力，才能得以最圆满的实现。作为家庭教育的主要承担者，妈妈的教育水平高低和思想境界，往往决定了家庭教育会以怎样的方式进行，最终取得怎样的结果。由此可见，妈妈肩负的责任是很重大的，必须保持进步，让自己的思想时时更新，才能最大限度打开心扉，敞开怀抱接纳孩子。

这个周末，妈妈要在家里尝试着做寿司。小宇最喜欢吃寿司，因而也上蹿下跳想要配合妈妈一起做寿司。因为是第一次尝试，所以妈妈也显得手忙脚乱，不是忘记在米饭里加入寿司醋，就是忘记在卷寿司之前放入沙拉酱。看着妈妈的样子，小宇说："妈妈，我怎么觉得你做得很糟糕呢！"

情景一：听到这话，妈妈脸色陡然一变，说："你这个孩子怎么说话呢，不知道感恩，还责怪我！要不是因为你喜欢吃寿司，我哪里用这么费劲地做寿司啊，都怪你！"原本，小宇只是想调侃妈妈，却没想到被妈妈一番抢白，也没有了兴致继续与妈妈交谈。本来还想和妈妈一起做寿司呢，现在小宇沮丧地回到客厅看电视，任由妈妈自己去折腾了。

情景二：听到这话，妈妈嗔怪地对小宇说："好啊，你这个家伙不赶紧帮忙，居然还笑话我。我可是警告你，你要是再笑话我，我就罢工不干了，你连搞怪版寿司都吃不到。你要知道，我可是第一次做寿司啊，能做出这么奇形怪状的寿司，没浪费这一大锅米饭和这么多张紫菜，就已经很不错了！"小宇赶紧笑着鼓励妈妈："老妈，加油，你是最棒的，我看好你哦！"当妈妈不知道下一步该怎么做的时候，小宇还拿着手机随时问度娘，指导妈妈呢！就这样，母子俩一起嘻嘻哈哈做寿司，做完寿司之后，还心情愉悦地吃完了这些奇形怪状的寿司，就像上了一堂亲子厨艺课一样。

很多事情的走向，其实就在一念之间。作为妈妈，如果能够坦然面对孩子指出的错误，勇敢地承认错误，承担责任，或者就像事例中的妈妈一样向孩子求助，非但不会因为犯错而尴尬，反而能够给孩子树立虚心承认错误、勇敢改正错误、积极解决问题的好榜样，对孩子的成长起到推动作用。

在传统的教育观念中，父母是没有错误的，错的一定是孩子，所以认错、道歉也就无形中成为孩子的专利。而在现代教育观念中，孩子作为独立的生命个体，在人格上与父母完全平等，作为新时代的父母，必须发自内心地尊重孩子，也最大限度打开孩子的心扉，给予孩子平等的对待。实际上，很多父母之所以拒绝认错，不愿意被孩子指出错误，就是怕丢了面子，是内心怯懦的表现。要想成为好妈妈，一定要端正态度认知自我，也时刻保持深刻的自我反省。真正优秀的妈妈，是勇敢的妈妈，真正勇敢的妈妈，是敢于接受批评、勇于承认错误的妈妈。

人非圣贤，孰能无过，妈妈要知道，即使自己犯了错误，或者被孩子指出错误，只要勇敢承认错误，敢于承担责任，就依然是孩子心目中的偶像，就依然会得到孩子的尊重和认可。妈妈承认孩子指出的错误，还可以以身作则告诉孩子，每个人都会犯错，每个人都要主动承认错误，这样不但能够积极地纠正自身的错误，也可以帮助孩子形成自己的独立主见，而不会盲目迷信任何人。独立的思想与有趣的灵魂，是保证孩子充实度过人生的基本条件和前提条件。孩子优秀品格的形成并非是朝夕之间的事情，而是需要漫长的过程，需要父母坚持不懈给孩子创造更加有利的条件，也给孩子营造良好的家庭教育氛围，才能保证孩子在成长的过程中始终坚持正确的方向，也健康苗壮地成长。总而言之，妈妈要记住，被孩子指出错误并不是丢脸的事情，只要能够勇敢地承认错误，承担后果，妈妈就能够有的放矢地提升和完善自己，取得突飞猛进的进步。反之，如果妈妈拒绝承认错误，推卸责任，则就会对孩子造成负面影响，也为孩子树立糟糕的榜样。

主动认错，向孩子道歉

因为封建家长制的思想在起作用，很多妈妈在意识到自己犯了错误之后，也总是拒绝承认错误，更不会积极主动地向孩子道歉。她们误以为一旦当着孩子的面认错就会降低自己作为家长的格调，也会导致自己在孩子心目中的形象一落千丈，其实这完全是杞人忧天。真正勇敢的妈妈，不会以拒绝认错来维护自己的尊严和作为父母的权威，而是会积极地反思自我，积极主动地向孩子承认错误，在必要的情况下，她们还会自发向孩子道歉。这样做，才是真正发自内心地尊重孩子，平等对待孩子，也有利于为孩子营造民主和谐的家庭氛围和成长环境。

很多妈妈对于承认错误都有一定的误解，觉得如果主动对孩子认错，向孩子道歉，就会失去作为父母的威严。试问妈妈，父母的威严是靠着拒绝认错来维护的吗？况且如今是新时代的教育，父母对孩子无须威严，只要树立威信即可。而所谓信任，一定要建立在父母尊重孩子、理解孩子，也平等对待孩子的基础上。因而真正优秀的妈妈并不惧怕对孩子承认错误，相反，她们会积极主动地反思自己，从而及时认识到错误，也积极地向孩子道歉。唯有如此，孩子才会与妈妈更好地相处，妈妈对孩子的教育和引导也才会事半功倍。当妈妈真诚地对孩子说一声"对不起"，就会发现孩子所想要的只是一声对不起而已。

一直以来，张兴的学习成绩都很不好，也常常给爸爸妈妈惹祸，制造麻烦，尤其是常常不能按时完成作业，导致爸爸妈妈总是被老师叫到学校当面批评。这天，妈妈回到家里，发现张兴正在看电视，不由得火冒三丈。又想到自己这么努力辛苦地工作，只为了给孩子创造更好的生活和学习条件，而张兴总是不进取，连学生最基本的作业都不能完成，因而对着张兴怒吼："你又在看电视，电视是你的命根子吗？比你的学习还重要，比你的皮肉还重要，让你宁愿挨揍，也要继续看电视吗？"张兴委屈地看着妈妈，等到妈妈说话如同连珠炮一样地发泄完了，张兴才说："妈妈，我的作业已经写完了。你忘记了，今天是周五，你下班很晚，我到家之后就一直在写作业。"

妈妈这才想起来自己今天下班比平日里晚了3个小时，所以3点就放学的张兴，如今已经8点，完全有可能完成作业。妈妈一时之间不知道该说什么，看着张兴委屈的神情，妈妈觉得很内疚，又想到张兴等妈妈到现在还没有吃饭，妈妈也很心疼。然而，妈妈看了看张兴，终究是什么都没有说。张兴关掉电视，去自己的卧室里，关上了门。后来妈妈做好饭，喊张兴吃饭的时候，张兴却对妈妈说不饿。妈妈知道，张兴有些生气，也很委屈。妈妈想说"对不起"，但是又觉得没面子。直到晚上睡觉前，妈妈才终于鼓起勇气向张兴认错，对张兴道歉，张兴突然哇啦哭起来。妈妈这才知道，原来张兴只是需要一声真诚的道歉。

很多妈妈哪怕意识到自己犯错，也总是拒绝承认错误，更不愿意向孩子道歉，这都是封建家长制的思想在作怪。妈妈不如想一想，如果孩子犯错之后也拒绝认错，妈妈会怎么想呢？妈妈一定会感到很生气，甚至强制孩子承认错误，道歉。古人云，己所不欲，勿施于人，也有人说，要想要求别人，自己必须首先做到。作为妈妈，要主动反思自己，在认识到自身错误的情况下，积极主动向着孩子承认错误，甚至真诚地对孩子表达歉意，这样一则可以让孩子感受到妈妈的尊重和平等对待，二则可以为孩子树立榜样，让孩子也能勇敢承认错误，主动承担责任，这才是最重要的。

每个父母都是孩子的第一任老师，每个孩子也都是父母的镜子。作为妈妈，要时刻反省自己，才能当好孩子的老师，也要时刻观察孩子这面镜子，从而知道自己哪里做得好，哪里做得不好，以便及时改正和弥补错误。人非圣贤，孰能无错，知错能改，善莫大焉。唯有谦虚的、主动认错的妈妈，才能教养出从谏如流、积极进步的孩子。

成为孩子崇拜的偶像

很多妈妈都发现，孩子是有偶像的。孩子的偶像各不相同，而且大多数以歌星、影视明星为主要的标杆，而只有极少数的孩子能把自己的偶像定为科学家、文学家等。实际上，孩子以谁为偶像并非主要问题所在，重要的是孩子能够从偶像身上汲取精神力量，也学习到更多的为人处世的道理。不可否认，偶像的力量是很强大的。如果孩子树立偶像不恰当，导致自己的成长也受到影响，则得不偿失。

作为妈妈，在教育孩子的过程中，应该为自己树立怎样的目标呢？有些妈妈希望能把孩子培养得出类拔萃，有些妈妈希望能把孩子教训得对一切事情都言听计从……这些都只是微小的目标而已，对于妈妈而言，最伟大的教育目标，应该是成为孩子崇拜的偶像。试想一下，作为妈妈，如果能成为孩子的偶像，得到孩子的崇拜，也能发挥偶像的力量，对孩子的言行举止都产生深远的影响，一定是莫大的成功，也给妈妈教育孩子带来极大的成就感。

当然，要想成为孩子崇拜的偶像并不容易，这是因为只施展作为父母的权威或者威严，并不能让现在思想越来越复杂的孩子感到信服。妈妈不但要从成人的高度指导孩子，更要设身处地站在孩子的立场上考虑问题，才能与孩子更加友好和谐地相处。从另一个角度来看，很多妈妈认为自己与孩子之间有代沟，也因此与孩子产生隔阂，感情疏离，那么就要与时俱进，接触和了解新鲜事物，与孩子有更多的共同语言，从而得到孩子的认可，引起孩子的共鸣，与孩子进行心与心的沟通。

一直以来，妈妈与紫薇之间的沟通都存在问题。尤其是紫薇进入初中之后，和妈妈的交流也就更少了，有的时候甚至接连好几天都不与妈妈说话。为此，妈妈感到非常苦恼，也因为与紫薇的心理距离越来越遥远，而感到忐忑不安，紧张焦虑。

妈妈想要疏导紫薇的情绪，与紫薇之间产生积极的沟通和互动，却始终找不到好的切入点，也常常因为缺乏共同话题被紫薇嫌弃。直到有一天，妈妈无意间发现紫薇特别崇拜江疏影。原本，妈妈以为这些靠着脸蛋漂亮走红的女星没有什么过人之处，后来却在了解江疏影的背景之后，也不由得对江疏影刮目相看。江疏影面貌清秀，气质不俗，不但毕业于上海电影学院，而且还是英国英格利亚大学传媒经济学硕士。而且，江疏影是一个不折不扣的才女，在鱼龙混杂的娱乐圈内，她就像是一股清流，也有很高的人气。妈妈也开始关注江疏影，并且留心收集很多关于江疏影的资料。一个偶然的机会，妈妈和紫薇说起江疏影，紫薇不由得很惊讶："妈妈，你居然喜欢江疏影？"听着紫薇惊讶的质问，妈妈得意地说："当然，我也要与时俱进啊！"渐渐地，紫薇开始喜欢和妈妈沟通。

后来，妈妈得知紫薇还喜欢歌手李宇春，在李宇春去省城开演唱会的时候，妈妈还送给紫薇演唱会的门票当作是礼物呢！对于这个善解人意的妈妈，紫薇非常喜欢，也为有这样的妈妈而感到骄傲和自豪。渐渐地，当被人问起偶像，紫薇总是骄傲地说："我的偶像就是我的妈妈，我的妈妈特别时尚呢！"

妈妈最大的心愿是与女儿变成姐妹花，是得到儿子的宠爱，那么妈妈就要拥有赤子之心，也要与时俱进，才能与孩子拥有共同话题，也渐渐地取代那些屏幕上的偶像，成为孩子心中真正的触手可及的偶像。

妈妈一定要避免的误区是，不要对孩子居高临下，颐指气使，而是要发自内心地尊重孩子，认可孩子，平等对待孩子，更要关心孩子关心的人和事，从而才能与孩子拥有共同语言，也给予孩子更多的理解和尊重。对于孩子而言，有一个理解和尊重自己的妈妈，有一个能够真正平等对待自己的妈妈，有一个可以担当偶像的妈妈，是最大的幸福。

更多的陪伴，才能给孩子更多的爱

陪伴，是给孩子最好的爱。有太多爸爸妈妈在忙于工作的同时，忽略了对孩子的陪伴，他们或者把孩子交给爷爷奶奶去管教，或者因为忙于工作而让孩子自由地成长，完全没有照顾到孩子在成长过程中需要满足的方方面面的身心需求。在父母的疏忽之下，孩子如何能够顺利地成长，也感受到父母的爱呢？不得不说，现代社会，在大都市里，忙于工作的父母疏忽孩子，而在偏远的地方，奔波在外的父母索性把孩子放在家里，无暇兼顾。这些情况都会导致孩子在成长过程中出现各种问题，也会使父母与孩子的相处陷入困境。

　　看起来，陪伴是简单容易的事情，在很多父母因为没有时间而不得不忽略孩子的同时，还有很多父母只要有时间，似乎就能做到陪伴孩子。却不知道，有些陪伴完全是无效的，因为有些父母即使有时间，也无法给予孩子高质量的陪伴。如今，随着电子产品的大量普及，很多父母在工作之余也总是捧着手机，盯着冰冷的、闪耀着光的电子屏幕，而不愿意把视线转移到孩子身上，孩子虽然与父母共处一室，却没有感受到爱与关怀。还有些父母误以为只要给孩子提供丰厚的物质和足够的金钱，就尽到了对孩子的责任和义务，殊不知，这是完全错误的。孩子的成长绝非简单的事情，需要父母在做好方方面面的事情之余，也更加用心陪伴，才能让孩子更健康快乐地成长。

　　赵凯已经13岁了，但是只在1岁之前与妈妈亲密接触过，那个时候妈妈留在家里，给赵凯喂奶。从赵凯1岁之后，妈妈离开家，和爸爸一起出门打工，到现在，赵凯和妈妈待在一起的时间就没有超过10天。只有过年的时候，爸爸妈妈才会一起回家，平日里即使有事情回家处理，也就一两天就离开。升入初中的赵凯，出现很多问题，一开始是厌学，后来是非常叛逆，对于老师的教导丝毫不放在心里，而总是与老师对着干。

　　老师先是把赵凯的情况反映给爷爷奶奶，后来发现根本没有效果，因此又把情况反映给爸爸妈妈。妈妈在得知赵凯的情况后，也打电话给赵凯，苦口婆心劝说赵凯。赵凯对于妈妈的话置若罔闻，不以为然地反驳妈妈："你为什么要管我啊？我都十几岁了，你管过我吗？现在来管我，我还不愿意听呢！"听到赵凯的话，妈妈觉得很伤心："你这个孩子真是没良心，我这么多年不都在外面辛苦地挣钱养活你吗？要不是我和爸爸挣钱，你能过得这么衣食无忧吗？你能来县城里的中学上学吗？"妈妈越说越生气，也觉得非常委屈。赵凯默默地挂断电话，不想继续沟通。

事例中的现象在生活中非常普遍，那就是父母虽然给孩子提供衣食住行，给孩子提供接受教育的机会，但是却没有给孩子应有的陪伴。孩子物质和金钱方面的充实，并不能代替父母的陪伴。每一个父母养育孩子是义务，陪伴孩子成长也是义务，尤其作为妈妈，对于孩子的责任绝不仅仅是把孩子生下来就可以了。

现实生活中，亲子关系变得越来越复杂，而父母也无形中会把自己承担的巨大压力转嫁到孩子身上。作为明智的妈妈，要分得清孩子成长过程中的轻重主次，也要准确界定自己肩负着的责任和义务。孩子的成长从来不是一蹴而就的，作为妈妈，要把养育孩子作为毕生最伟大的事业去做，才能最大限度发挥自身的潜力，也发现孩子的优点，激发孩子的潜能，让孩子拥有充实的成长过程和精彩绝伦的人生。

敢于对孩子说真话

很多妈妈都抱怨孩子不愿意敞开心扉与妈妈交流。实际上，孩子小时候的确是愿意向妈妈敞开心扉的，但是随着渐渐成长，孩子的心思越来越重，也渐渐地有了自己的小秘密，甚至还与妈妈之间因为代沟而导致沟通不顺畅。在这种情况下，妈妈对于亲子沟通问题会感到很困惑，有的时候还觉得犹如困兽一样无法挣脱现实的怪圈。如何打破与孩子之间的隔阂呢？这是一个很重要的问题，关系到亲子沟通是否顺畅，关系到亲子感情能否加深，作为妈妈必须慎重对待，也要想方设法打通与孩子之间的沟通屏障，从而实现顺畅沟通。

　　作为妈妈，对待孩子要摆正心态，要敢于主动对孩子说真话，这样才能以真诚赢得孩子的信任。有人说，每个人眼中看到的世界，就是他们心中的样子。其实对于妈妈而言，要想得到孩子怎样的对待，就要怎样去对待孩子，这样才能无愧我心，也才能以真诚打动孩子的心。前几年流行一个游戏，叫作"真心话大冒险"，游戏规则就是每个人都要说真心话，不能撒谎。尽管只是一个游戏，但是参加这个游戏的人还是有很大压力的，因为他们必须敞开心扉面对他人。不可否认，说真话是需要勇气的，说真话的人需要承担一定的责任，也必须有能力扛起说真心话的后果。

　　作为妈妈，一定是要求孩子不能撒谎，而要坦白真实。那么，妈妈对孩子真实了吗？如果妈妈对孩子没有真实，更做不到真诚相待，孩子又如何能对妈妈真实呢？孩子小时候对妈妈真实，是因为他们完全信任妈妈，也愿意把自己心中的所思所想都完全告诉妈妈。随着渐渐长大，孩子有了自己的思想和主见，不再会主动把一切都告诉妈妈，作为妈妈，也许不知在什么时候，突然发现孩子放学之后再也不像幼儿园阶段那么欢呼雀跃，更不会主动把学校里发生的一切都告诉妈妈了。在这种情况下，妈妈要承担起主导者的角色，引导孩子说出所思所想，也以各种方式了解孩子的学习生活。当沟通遇到瓶颈，妈妈就要主动敞开心扉，拿真心话作为敲门砖，也打开孩子的心扉，让孩子积极主动与妈妈沟通和交流。

　　有一天下午放学后，妈妈接了丘比回家。回家路上，丘比问妈妈："妈妈，你喜欢上学吗？"听到这个敏感的问题，妈妈一时之间不知道该如何回答，陷入沉思，也很矛盾如何回答。看着丘比充满期待的眼神，妈妈突然意识到：我必须真诚地回答这个问题，才能让丘比主动针对这个话题进行深入交流，也才能帮助丘比更好地面对自己。为此，妈妈满怀英雄气概地对丘比说真话："不喜欢。"丘比惊讶极了，他原本以为妈妈一定会说自己很喜欢学习，从而能鼓励丘比努力学习，但是妈妈为何说不喜欢呢？

　　妈妈似乎看透了丘比心中的疑问，对丘比说："丘比，我知道你在想什么，你在想，'妈妈天天逼着我学习，怎么自己都不喜欢学习呢'。的确如此，妈妈每天督促你学习，自己却不喜欢学习，这是为什么呢？"妈妈停顿片刻，给丘比思考的时间，才继续说："人的本性都是趋利避害，人人都希望自己能够过得舒服安逸，而不想给自己增加太重的负担。孩子如此，妈妈也是如此，包括爸爸同样如此。妈妈现在长大成人了，同样不喜欢工作。但是，妈妈必须学习，必须努力工作，才能更好地生存下去。不好好学习的后果很严重，学习不好就不能考上好的大学，没有好的大学去读，毕业后找不到好工作，整个人生都会不一样了，知道吗？"丘比努力听妈妈说，显而易见，妈妈所说的道理对他而言还太过深奥。妈妈继续对丘比说："丘比，如果一件事情注定要做，与其哭着做，不如笑着做，这样才能做得更好。就像学习一样，你现在还小，根本做不了其他的，为何不把这段时间用于专心致志地学习呢。学习就是打基础，等到你长大了，有了一定的自由，你就可以活得更好，也可以腾出时间去做想做的事情。反之，如果现在不努力学习，等到长大了有机会去做很多事情，却因为被工作所迫不得不继续承受繁重的学习任务，那么就没办法做自己喜欢的事。"丘比久久没有说话，他一定在思考妈妈讲的道理。

　　丘比之所以能够耐心地听妈妈说这么多，就是因为被妈妈的"真心话"吓倒了。如果妈妈一开始回答丘比的问题时，就劈头盖脸对着丘比一通数落："作为孩子，当然要喜欢学习，不学习能干什么呢？"这样的回答看似义正词严，却会无形中让孩子关闭心门，不愿意继续与妈妈交流。孩子尽管还小，也缺乏人生经验，但是他们知道谁说的话是真心话，谁说的话是虚情假意。

每一个妈妈都是孩子最好的老师，孩子从呱呱坠地开始就接受妈妈无微不至的照顾，健康快乐地成长。作为妈妈，更要把握住这样教育和引导孩子的机会，给孩子潜移默化的正面引导，也帮助孩子拥有更健康快乐和充实向上的人生。妈妈一定要记住，良好的亲子关系建立在积极顺畅的沟通之上，其实沟通不但是亲子关系的基础，也是很多人际关系的基础。作为妈妈，要想与孩子心心相印、心意相通，就要努力与孩子沟通，也给予孩子积极的指引和未来。

第 11 章
妈妈不虚荣，孩子更从容

现代社会经济发展速度飞快，很多人变得有些浮躁，喜欢攀比，尤其是有些妈妈，先是比房子、车子、老公、工作，在有了孩子之后，把攀比的重心调整为孩子。如果妈妈能够摆正心态，积极地面对生活，积极面对孩子成长过程中的很多事情，那么整个家庭都会变得从容而又淡泊。

孩子重要，还是面子重要

孩子重要，还是面子重要？当被问及这个问题的时候，相信很多妈妈都会不假思索地回答，当然是孩子重要。然而，理论与实践之间总是隔着万水千山，在嘴上说着孩子重要的同时，还是有很多妈妈都被面子绑架，导致面子问题成为影响妈妈情绪的重要因素之一。又因为如今大多数家庭都只有一个孩子，父母把孩子当成整个家庭的未来，也把所有的希望都寄托在孩子身上。在这种情况下，妈妈在不知不觉间把孩子当成攀比的资本，也对孩子提出过高的要求和期望。

即使已经升级作为妈妈，你也很有可能还记得在自己成长过程中发生的很多情形：每个学期的期末考试之后，相熟的妈妈们会在一起比较孩子的学习成绩、班级排名；对于年幼的孩子，当家里来了亲朋好友，妈妈们如果曾经带着孩子学习才艺，就会让孩子或者唱歌，或者跳舞，在客人面前展示；还有些孩子很小，就学会认字、背诵古诗或者算算数，所以妈妈还会让孩子背诵古诗，当着他人的面算算数……总而言之，妈妈对于孩子的展示是乐此不疲的，在大多数妈妈心目中，孩子完美无瑕，完全值得她们向着全世界炫耀。而随着孩子不断地成长，优点越来越明显，缺点也逐渐暴露出来，在这种情况下，妈妈难免会对孩子感到失望。有些妈妈拿自己孩子的优点和其他孩子的优点比，比不过就感到沮丧绝望，也会逼迫孩子继续努力；比得过，就对孩子寄予更高的期望，甚至对孩子提出更加苛刻的要求。还有些妈妈比较悲观，会拿自己孩子的缺点和其他孩子的优点比较，无疑这样的比较对孩子是不公平的；还有的妈妈会拿自己孩子的优点和其他孩子的缺点比较，因而沾沾自喜。总而言之，不管是哪种比较，都会影响妈妈的情绪，也是不健康的攀比方式。明智的妈妈知道每个孩子都是这个世界上独一无二的生命个体，都有自身的闪光点和不足的地方，为此她们能够做到理性对待孩子，帮助孩子健康快乐地成长，也会从容地帮助孩子，从而给予孩子更大的空间去发展。在此基础上，孩子当然会健康快乐，妈妈与孩子的关系也会越来越亲密，亲子感情日益深厚。

妈妈对孩子的比较是无所不在的，还有很多妈妈比较孩子是否懂得礼貌，例如，有的孩子性格开朗外向，遇到妈妈的亲戚朋友能够主动打招呼，而有的孩子则相对内向，不喜欢主动和陌生人打招呼，即使在妈妈的强制要求下也极其不情愿。这样一来，妈妈就会觉得很没有面子。仔细回想一下：你是曾经给妈妈长脸了，还是曾经给妈妈丢脸了？很多妈妈对于孩子唯一的评判标准，是孩子在各个方面都出类拔萃，因而能够每次都为妈妈争得面子。不得不说，孩子不是妈妈挣面子的工具，妈妈对孩子的评价也不能以孩子是否给自己长脸为标准，而应该理性客观地认知和对待孩子，帮助孩子健康快乐地成长。

妈妈一定要尊重孩子，知道每个孩子都是这个世界上独一无二的生命个体，知道必须尊重孩子，平等对待孩子，最大限度地给予孩子成长的空间，孩子才能茁壮向上地成长。这样一来，妈妈在教育孩子的过程中才能保持心态平和，也才能具备良好的性格和开阔自然的心境。

菠萝有一个好妈妈，不是因为妈妈有多么漂亮，或者多么出色，而只是因为妈妈能够尊重和理解菠萝，也接纳菠萝的一切感受，更不会为了自己的面子而强迫菠萝做任何事情。

　　有一次，妈妈远在美国的一个亲戚来到国内探亲，菠萝从出生从未见过这位亲戚，因而在这位亲戚到家里做客的时候，妈妈郑重其事地向菠萝介绍了这位亲戚，也把菠萝介绍给这位亲戚。但是，菠萝拒绝称呼这位亲戚，妈妈没有强迫菠萝，而是在介绍完之后，就允许菠萝去房间里做自己想做的事情。吃饭的时候，菠萝不想到餐桌上吃，而想继续留在房间里，妈妈也尊重菠萝的感受。看到妈妈的做法，亲戚不由得竖起大拇指，说："你这样的做法让我感到很舒服。在来你家之前的几天，我几乎每天都要去不同的亲戚朋友家里吃饭，他们千篇一律要求孩子必须称呼我，向我问好，还要求孩子吃饭的时候必须一板一眼坐在餐桌旁边，绝不允许孩子乱动，更不允许孩子留在房间。结果就是，孩子很别扭，还闹情绪，我也觉得很尴尬，毕竟是因为我的到来才给孩子们带来困惑。"妈妈笑着说："我小时候就被妈妈要求问各种亲戚朋友的好，感到特别难受和压抑，所以我现在从来不强求孩子，只要她能做到基本的礼貌就好。"

　　在这个事例中，妈妈无疑是很尊重孩子的，所以才允许孩子在与客人相互认识之后就自行其是。实际上，大多数孩子都只顾着贪玩，根本对于父母的人际关系不感兴趣，与其让孩子如坐针毡地坐陪，妈妈不如想明白这个问题，从而与孩子之间更好地相互面对，彼此成就，也给予对方更大的生存空间。

　　这就像是照相，很多妈妈都要求孩子在照相之前必须摆好姿态，面带微笑。实际上，人的一生之中怎么可能只有笑这一种表情呢，大多数孩子的表情都非常丰富，只有记录下孩子真实自然的表情，一切才更有意义。否则，当孩子长大了，回忆起自己的成长过程，看到自己在照片上是千篇一律僵硬的笑，则这样的成长相册对于长成人的孩子而言也就失去了意义，不能让孩子感受到成长的酸甜苦辣等百般滋味。

成人的世界有成人的规矩，孩子的世界也有孩子的秩序。哪怕是妈妈，也不要轻易打破孩子内心的节奏，更不要对孩子的成长过多干涉。每个孩子都是独立的生命个体，而不是父母的私有物品，作为妈妈一定要发自内心地尊重孩子，从各个方面都做到平等对待孩子，才能让孩子在民主和谐的氛围中健康快乐地成长，也让孩子全方位发展，成为顶天立地大写的人。

合格妈妈拒绝急功近利

在社会急速发展的今天，很多妈妈尽管内心里非常爱孩子，也愿意包容孩子的一切，但是在行为表现上，却越发的急功近利。她们没有耐心等待孩子按照成长的节奏缓慢地成长，而是想要让孩子马上就变得出类拔萃。实际上，每个孩子都是一个自然的生命个体，绝不可能十全十美，也不可能一无是处。妈妈要接纳孩子，以平静的心绪悦纳孩子，才能在孩子成长的过程中给予孩子淡定的指引，而不至于声声催促孩子，导致孩子心神不宁、手忙脚乱。

不仅是孩子，包括成人在内，做事情都要有条不紊，有的放矢，才能起到预期的效果。培养孩子同样如此，作为妈妈，首先要整理清楚自己的思绪，知道自己想要培养出怎样的孩子，以什么为最重要的培养目标，才能确定自己的教养方式，而且在教育孩子的过程中出现问题的时候，也不至于茫无头绪。在这个全民陷入教育焦虑的时代里，妈妈更要内心笃定，才能始终坚持教育的原则，遵循孩子内心的节奏，引导孩子慢慢成长。反之，如果妈妈对于孩子的成长总是指手画脚，则非但不能帮助孩子成长，还会因为急功近利而起到事与愿违的效果。

妈妈还要意识到一点，即孩子是自己人生的主宰。妈妈对孩子的爱，不能代替孩子成长，尤其是过度的溺爱，反而还会害了孩子。作为妈妈，必须认真慎重引导孩子，也给予孩子最积极的指引和教育，这样一来，孩子才会循序渐进地不断提升和完善自己，也拥有更加强烈的自主意识。

现代社会生存压力很大，很多妈妈望子成龙、望女成凤的心也就更加迫切。为了不让孩子输在起跑线上，很多经济条件好的家庭把孩子送入名校，给孩子报名参加各种各样的课外培训班，从孩子很小的时候就对孩子全面发力，透支孩子的精力。有些家庭即使经济上不那么富裕，因为妈妈非常重视教育，所以也会拼尽全力为孩子报名上补习班，只为了让孩子在学习上一日千里，将来考上理想大学，找到理想工作，拥有圆满人生。殊不知，人生不是百米冲刺，而是一场马拉松比赛，即使真的有起跑线，在起跑线上是否超前，也不能决定比赛的最终结果。反而有些妈妈因为在孩子小时候就过分透支孩子的心力，而导致孩子心神不宁、神情倦怠，也使孩子陷入成长的困境。曾经有一些机构调查孩子是否喜欢学习，结果显示绝大部分孩子都不喜欢学习，而把学习当成自己非做不可的事情，还有的孩子甚至排斥和抵触学习，对学习心生厌倦。这一切，都是因为孩子没有原本应该快乐和无忧无虑的童年，同时他们把这样的恶果归因于学习。从这个角度而言，如果妈妈激励孩子的方式不正确，则孩子就会对学习心生厌恨。

当一个人变得过于功利，就会一心一意只关注目的，而忽略了做事情的过程中收获的快乐。对于孩子的学习，妈妈也一定要引以为戒，更不要盲目地给孩子物质奖励，否则当激发起孩子的功利心，一旦没有物质奖励，孩子就会完全失去兴致，更不会在学习上加倍努力。所以明智的妈妈尽管望子成龙、望女成凤，却要知道最重要的在于调动起孩子的积极性，给予孩子最大的自由成长空间，而不要对孩子采取威逼利诱的方式，否则最终反而会害了孩子。

学习是一件有趣的事情，兴趣是孩子最好的老师。妈妈一定要避免急功近利，用心地引导孩子发现学习的乐趣，心甘情愿主动学习，孩子才能在学习上有长足的进步。就像曾经有人说过的那样，在竞技场上，一心一意想当冠军的人很容易失败，这是因为他们的内心负担过重。对于孩子而言，成长尽管不能完全遵照有心栽花花不开、无心插柳柳成荫的规律去进行，却也要顺其自然，才能收到最好的效果。

和自己比，始终坚持进步

很多妈妈不知道如何去比较，她们最擅长的就是横向比较，不但把自己与那些成功的同学、朋友比较，还把孩子也常常作为比较的资本，去与其他人家的孩子进行横向比较。我们不能说横向比较是毫无意义的，但是横向比较在很多情况下都会使人陷入被动，也因为缺乏可比性，而导致人们内心受到打击。对于每个人的成长而言，不管是妈妈还是孩子，都应该学会与自己比，也就是进行纵向比较。所以纵向比较，就是把今天的自己和昨天的自己比较，把明天的自己和今天的自己比较，这样一来，才能始终坚持进步，也才能一次次受到激励，让自己更加坚定从容。

作为妈妈，要与自己比较，坚持进步，在对待孩子的时候，也要把今天的孩子与昨日的孩子比较，从而及时肯定孩子的进步，及时指出孩子的错误，这样孩子才能不断地成长。新时代的妈妈也要有全新的观念，不要总觉得生养孩子就是为了让自己有比较的资本，更不要无形中就给孩子巨大的压力。尤其是在进行横向比较，看到孩子不如其他孩子时，妈妈总是会感到着急，甚至无法控制自己的情绪，也因此对孩子态度恶劣、急躁，或者催促孩子马上加油，在学习上取得立竿见影的效果。殊不知，这对于孩子的成长而言根本没有好处。尤其是当妈妈把孩子的榜样定得太高，对于孩子要求过分苛刻，则孩子往往会自暴自弃。反之，当妈妈把今日的孩子与昨日的孩子进行纵向比较，孩子发现自己有进步，也得到妈妈的小小认可，则他们会更加高兴，也会更愿意主动发力，积极向上。

小米的学习成绩始终处于班级中上等水平，不过这次期中考试没考好，成绩下滑严重，排到大概30名。妈妈当即发飙："小米，你怎么回事呢？人家的成绩都稳步上升，你的成绩总是停止不前。你不上升也就罢了，怎么还持续退步了呢？我真是脸都被你丢尽了。"听了妈妈的话，小米很羞愧。然而，妈妈却继续说道："你看看楼上的小叶，人家和你是一个班里的，我和爸爸都是厂里的干部，小叶的爸爸妈妈还都是工人呢，怎么小叶考试始终是班级前三名呢？！"

听到妈妈这么说，小米不由得感到生气，当即反驳妈妈："你要是觉得小叶好，你去认小叶当你闺女啊。小叶考得好，说明人家基因好啊。你别以为你当个小干部就怎么着了，小叶的爸爸妈妈还都是高级技工呢，你当个小干部也只是末流干部。"被小米一番抢白，妈妈完全没了脾气。

经过这次教训之后，妈妈也咨询了当老师的妹妹，妹妹对妈妈说："姐，你不要这么把孩子和其他孩子比较，很多孩子自尊心强，最讨厌这样的比较。你应该把孩子进行纵向比较，肯定孩子的进步，这样孩子才愿意继续与你交流啊！"听到妹妹的话，妈妈觉得很有道理。一个月后，小米在月考中成绩有所进步，提升了5个名次。妈妈当即肯定小米："小米，这次进步很大啊，进步了5个名次呢！而且，妈妈看你的试卷，发现你粗心的毛病大大改观。虽然数学还是有题目不会做，不过，我觉得不会做没关系，通过考试检查出来，查漏补缺就好。"得到妈妈的认可，小米很高兴，当即对妈妈说："放心吧，妈妈，我一定继续努力、加油！"在妈妈的支持和鼓励下，小米信心百倍，动力十足。

在这个事例中，妈妈一开始把小米与小叶比较，导致小米产生逆反心理，当即与妈妈顶撞起来。其实这也不怪小米，毕竟谁也不想被妈妈否定，尤其是不想被妈妈说成是完全不如一个自己熟悉的人。幸好，妈妈意识到问题的存在，及时咨询当老师的妹妹，这才调整与小米的沟通方式，积极地肯定小米的进步，果然激发起小米的信心，也让小米信心百倍地面对学习。

换位思考一下：假如孩子动辄就在妈妈面前说别人的妈妈多么优秀和出类拔萃，而且语气里满是对自己妈妈的嫌弃，妈妈会怎么想呢？妈妈一定觉得很委屈，觉得自己辛辛苦苦为孩子付出这么多，却没有得到孩子的认可。孩子也有这样的心态，一个孩子不管是否能够达到妈妈的满意，他们都在非常努力地生长，作为妈妈，一定要认可孩子的付出和努力，而不要对孩子所做的一切都视若无睹或者嗤之以鼻。妈妈的激励是孩子最大的动力，好妈妈善于激励孩子，也能够把握时机激发起孩子的上进心。在妈妈心中，固然要看到孩子的缺点和不足，也要相信孩子是最棒的，这样才能给予孩子信心和勇气，勇敢地面对生活，坚强地坚持成长。

不要以分数作为衡量孩子的唯一标准

如今的社会，不但成人承受着巨大的工作压力，孩子也压力山大，渐渐远离了无忧无虑的童年。这是因为很多妈妈为了不让孩子输在起跑线上，总是把孩子的学习成绩放在第一位。她们在孩子还在娘胎里的时候，就考虑孩子幼儿园的问题，等到孩子还没上幼儿园，又开始考虑小学、初中的问题。更有心急的妈妈，不但在怀孕时进行胎教，等到孩子出生，尚且在襁褓之中呢，就会带着孩子去上亲子课等早教益智课程。如今我国依然以高考作为选拔人才的标准，导致很多妈妈哪怕很主张和支持素质教育，却依然要狠下心来想方设法提升孩子的成绩，甚至以分数作为衡量孩子的唯一标准。

很多妈妈自诩淡定，标榜自己最大的心愿就是让孩子拥有快乐的童年，而这样的心态也许能保持到幼儿园中班，从大班开始，妈妈就会对孩子有更高的期望，督促孩子为了顺利升入一年级进行各种各样的准备。而等到孩子真正进入一年级，老师把孩子的各种表现都发送到班级家长的QQ群或者微信群时，妈妈根本无法淡定，在不知不觉之间就会陷入焦虑，甚至根本无法控制自己的情绪。

妈妈要想尽量保持平和的心态，就要意识到，孩子的成长是一个过程，而不仅仅是一个单纯的结果。教育孩子，也要在注重过程的基础上，才能尽量争取得到最好的结果。否则就是舍本逐末，就是本末倒置。每个孩子的天赋都是不同的，有的孩子天生擅长学习，在学习上总能出类拔萃，而不可否认的是，有的孩子真的不是学习的料，他们哪怕非常努力，也绝对不能在学习上有更大的进步。作为妈妈，也要理性认知孩子，根据孩子的情况有的放矢地为孩子设立目标，确定方向，而不要总是从主观的角度出发，一厢情愿地想象孩子在学习上一定能够做到出类拔萃、出人头地。换言之，高考已经不像若干年前一样是真正的人生独木桥。现代社会，各种继续教育的方式很多，如果孩子渴望学习，总是有机会提升自己的。退一步而言，哪怕孩子在学习上不能做到优秀，也可以找到人生的其他出路。前提是，妈妈要赏识孩子，不要因为孩子不能考取高分就对孩子冷嘲热讽，否则孩子不但与优秀的成绩无缘，而且还会失去信心，自卑沮丧，与成功也失之交臂。

细心的妈妈会发现，现实生活中，很多孩子还存在高分低能的现象，与此相对应，也有些孩子低分高能。妈妈作为孩子的第一任老师，作为孩子最信赖和亲近的人，也作为最了解孩子、希望孩子好的人，一定要最大限度发掘孩子身上的闪光点，帮助孩子树立信心。成绩不好的孩子会有其他的人生出路，而没有信心的孩子，在漫长的人生道路上，很可能什么事情都做不好。

作为举世闻名的发明大王，爱迪生在一生之中有多项发明，为推动世界的科学进步做出了卓越贡献。爱迪生发明了电灯，把整个世界提前带入光明之中。爱迪生的发明对于人类的进步意义非凡，甚至改变了人类的生活方式。看到这里，也许有很多人都会认为爱迪生一定天资聪颖、出类拔萃。其实不然，爱迪生小时候刚刚入学3个月，就被老师勒令退学，理由就是爱迪生不但不努力学习，而且脑袋瓜子里装满了奇思妙想，所以很有可能因为蠢笨影响其他同学的学习。

作为妈妈，如果你听到老师对于孩子这样的评价，会怎么做？不管是责备老师，还是抱怨孩子，你都会感到抓狂，甚至歇斯底里。然而，爱迪生有个好妈妈。她相信爱迪生爱提问有自己的理由，也相信爱迪生不像老师所说的那样糟糕。为此，她总是耐心地对待爱迪生的奇思妙想，并且还花钱购置相关的实验设备，让爱迪生去实验中寻找真相。正因如此，妈妈才保护了爱迪生的创造力，世界上才有了爱迪生这么杰出的发明家。

近些年来，教育的理念不断改革，从传统的应试教育到素质教育盛行，其实教育专家和学者们已经意识到素质教育、全面发展的重要性，为此学校的教学课程设计，也在一次又一次改革之后更加丰富多彩，更加合理。作为妈妈，也要更新对教育的理念，顺应潮流与形式，在给孩子减负的同时，注重培养孩子的综合能力，保证孩子均衡发展。

人生是一场漫长的马拉松，孩子一时学习成绩的好坏并不能代表什么。即使孩子真的不擅长学习，无法通过学习改变命运，妈妈也要用心观察孩子，认真引导孩子，这样才能让孩子在不断成长的过程中持续进步。

慎用物质奖励激励孩子

为了激励孩子更好地表现，努力认真地学习，很多妈妈都曾经使用过物质奖励的方式激励孩子。当然，适度的物质奖励，对于孩子会起到积极的推动作用，如果过于频繁地、没有限度地使用物质奖励，则物质奖励只会让孩子对于学习渐渐失去兴趣，而把所有的关注点都集中到物质方面。那么，学习是一场交易吗？孩子学习的目的到底是什么呢？明智的妈妈不会以物质奖励扰乱孩子对于学习的思路，更不会以物质奖励让孩子的学习完全变了味道。

从心理学的角度而言，人的行为动机可以分为两种，一种是内部的动机，一种是外部的动机。所谓内部的动机，顾名思义是来自本心，是产生于内在的驱动力。当人们做事情是因为内部动机，则意味着他们对某件事情感兴趣，或者主动自发地挑战自己，因而他们很乐于从事某个方面的活动。所谓外部的动机，则是为了达到某种目的而去做某种事情，带给孩子的驱动力则小了很多。看到这里，妈妈一定知道问题出在哪里了吧！所谓的物质奖励，就是外部动机，如果说孩子原本在学习的过程中是用内部动机驱动的，现在则转为外部动机驱动，那么孩子对于学习的主动性就会越来越差。

也许有些妈妈会感到困惑：外部动机一定会伤害内部动机吗？答案是肯定的，这就像是在原本纯粹的感情中加入了金钱和物质的因素，当然是会削弱感情的。在孩子可以对学习保持纯粹的内部动机的情况下，妈妈一定要更加积极理性地对待孩子，而不要滥用物质奖励。针对孩子的功利心，美国伊利诺伊大学联合密苏里大学，专门针对孩子的功利心展开调查，发现那些习惯于用物质奖励孩子的妈妈，会导致孩子的功利心增强。那么，为何妈妈还是乐此不疲使用物质奖励的方式对待孩子的学习呢？这是因为物质奖励的方法在使用之初，总是能够对孩子起到积极的推动作用，起到立竿见影的效果。从力学的角度而言，一切力都有反作用力，物质奖励在有效激励孩子的同时，也导致产生反作用力：当物质奖励取消，孩子对于学习就会毫无兴致，甚至对于学习产生消极倦怠的心理。而且，每个人对于物质的欲望都是不断增强的，一旦妈妈习惯于给孩子物质奖励，孩子对于物质的需求会越来越大，欲望会越来越强。所以妈妈一定要记住，当孩子不需要物质奖励也能把某件事情做得很好时，一定不要多此一举地以物质奖励孩子。当孩子对于不喜欢做的事情提不起兴致或者消极怠工的时候，妈妈可以以拥抱、亲吻、鼓励等精神方面的给予奖励孩子，或者给孩子小小的物质奖励，让孩子更加注重得到奖励，而非物质。总而言之，妈妈不要把孩子带偏，不要让孩子受到物质奖励这把双刃剑的伤害，更不要使孩子索求无度。

小宇虽然学习成绩一般，但是在体育运动方面却很有天赋，尤其是对于田径类运动，小宇不但爆发力强，而且体力、耐力都很好。所以妈妈一直在有意识地培养小宇的体育技能，觉得以后也许可以让小宇考入体育大学。

一开始，小宇也是非常喜欢进行体育锻炼的。但是自从妈妈花钱为小宇聘请了教练之后，原本把体育锻炼当成兴趣的小宇，在教练的强制训练下，渐渐地，越来越抵触体育锻炼。为了让小宇准时上课，妈妈想方设法。有一次，小宇磨蹭着不想去接受训练，妈妈对小宇说："如果你坚持10次主动参加训练，我就给你买一辆你喜欢的山地车。"妈妈完全忽略了山地车是非常贵重的，价值不菲，小宇当然很高兴，因为他很清楚就算自己不想去参加锻炼，妈妈也会逼着他去的。既然还能得到一辆山地车，何乐而不为呢？出乎妈妈的预料，小宇在得到山地车之后，居然又开口向妈妈要游戏机，否则他就不去上课。妈妈为了让小宇主动上课，又不假思索地答应了小宇的请求。结果小宇越来越变本加厉，最终居然每次上课都要向妈妈提出要求。妈妈意识到问题变得严重，赶紧向爸爸求助。爸爸对妈妈说："这都是因为你用物质奖励调动了他的胃口，现在好了，欲罢不能了吧！"

孩子的胃口的确会变得越来越大，就像是很多孩子小时候被奶奶喂饭，每次奶奶都多喂孩子一些，渐渐地，孩子的胃口就会越来越大，哪怕吃很多，也不觉得饱。给孩子物质奖励也是同样的道理，孩子每次都希望得到更大更多的奖励，也会渐渐地变得贪得无厌。明智的妈妈一定不要用物质奖励的方式偷走孩子主动学习的乐趣。哪怕是孩子提出要物质奖励，妈妈也要非常慎重，不要毫无限度地满足孩子。否则，孩子就会渐渐地忘却初心，养成坏习惯，也导致不进反退。

当然，凡事皆有度，过度犹不及。妈妈看到这里，也不要就对物质奖励如临大敌。适度地给孩子物质奖励，让孩子在得到精神鼓励的同时，也得到意外的惊喜作为礼物，可以有效调节孩子的心情，帮助孩子充满动力。其实，除了物质奖励之外，妈妈如果觉得精神奖励对于孩子不能起到良好的效果，还可以以时尚的活动奖励的方式奖励孩子。在活动奖励中，妈妈可以与孩子亲密接触，不但能够增进亲子关系，还可以加深亲子感情，可谓一举数得。在培养孩子进行活动的过程中，妈妈可以多多带着孩子亲近大自然，诸如爬山、远足等，都是很好的帮助孩子放松心情的方式，还可以提升孩子的毅力，是非常好的奖励方式。

第 12 章

妈妈做榜样，教出好儿郎

妈妈的情绪不但会影响孩子的成长，还会影响孩子的脾气秉性。因而作为妈妈不但要以好情绪教养孩子，还要积极地控制情绪，给孩子树立好榜样。有人说妈妈是孩子的第一任老师，由此可见妈妈对于孩子的影响是非常大的。与此同时，孩子也是妈妈的镜子，当妈妈发现孩子情绪暴躁时，一定要主动反思自己，从而才能及时提升和完善自己，也助力孩子更好地成长。

妈妈情绪平稳，孩子童年快乐

常言道，人生不如意十之八九，从本质上而言，每个人在成长的过程中都会遭遇各种困境，遇到各种坎坷。与其一味地与生命对抗，不愿意接受命运的安排，或者消极地承受，不如调动起自己的积极性，让自己以主动的姿态对待人生，以满怀的热情拥抱人生。

现代社会，人人都承担着巨大的压力，尤其是作为妈妈，更是需要兼顾工作与生活，要照顾家庭，还要承担起抚养孩子的重任，因此未免感到心力交瘁，也会因为自己的不舒心不顺心，就导致情绪焦虑。这也是人之常情，但是妈妈却不能让自己的情绪崩溃，毕竟妈妈还要面对孩子，还会给予孩子各种影响。所以妈妈不能放纵情绪，而要有意识地梳理情绪。很多妈妈还常常会当着孩子的面，抱怨孩子不听话，却不知道这会让孩子形成错误的自我认知，也相当于给孩子贴标签，导致孩子的叛逆行为越发严重。

还有些妈妈无法控制好自己的情绪，总是莫名其妙地冲着孩子发脾气，导致孩子丈二和尚摸不着头脑，也感到非常委屈，甚至对妈妈心生胆怯。日久天长，孩子在压抑的情绪中成长，很有可能孩子的情绪也变得暴躁易怒，孩子也会和妈妈一样陷入情绪的怪圈无法挣脱。在心理学上，这种近朱者赤、近墨者黑的现象，叫仿同心理。在仿同心理的影响下，孩子会情不自禁地模仿妈妈的性格特点，也拥有和妈妈一样的欲望，渐渐地变成和妈妈相似的人。无疑，如果妈妈具有严重的人格缺陷或者性格弱点，孩子也会和妈妈一样，被负面情绪所控制，也受到情绪和性格的负面影响。

有一天，妈妈带着西西一起去餐厅吃饭。虽然西西早就嚷嚷着要吃西餐，要吃意大利面，然而当西餐上桌的时候，西西才吃了几口，就坐不住了，开始玩耍起来。妈妈几次提醒西西要认真吃饭，西西却不以为然，依然在座位上扭来扭去，动个不停。突然，站在椅子上的西西没有站稳，险些摔倒，因为手臂挥舞，把一杯果汁打翻在地上，果汁不但洒到座位上，还洒在西西的衣服上，杯子更是掉在地上碎裂。妈妈气得一把把西西摁到座位上坐好，怒斥西西："你这个孩子真是欠揍，让你别动别动，你非要动来动去。这下子好了，果汁洒了，你别喝了啊！"西西看到妈妈生气的样子，吓得不敢动弹。

妈妈气急败坏地站起身，想要带着西西去洗手间洗干净，不想，妈妈站起来的时候由于太生气，动作幅度未免过大，居然扯动了餐巾，导致她的整套餐具都掉落在地上摔碎了。餐厅里吃饭的人全都把目光聚焦过来，妈妈觉得很尴尬，因而更生气地斥责西西："看看吧，你这个倒霉鬼，这不都是怪你吗！我看你别吃了，饿死算了，谁让你这么讨厌呢！"西西再也控制不住情绪，开始哇哇大哭起来。妈妈带着西西去洗干净之后回到座位上，发现服务生已经帮助她们更换了新的餐具。但是妈妈看着桌子上的食物，觉得一点儿胃口也没有，而西西更是明显情绪低落的样子。为此，妈妈只好带着西西离开了。

实际上，孩子还小，很爱动，因而打碎餐具也是常有的事情。当果汁杯子掉到地上的时候，西西已经被吓倒了，尤其是还心疼那满满的一杯果汁呢。结果，妈妈非但没有安慰西西，反而还怒斥西西，导致西西感到精神紧张。在压抑的情绪中，西西因为妈妈也摔碎了餐具，而受到妈妈更严厉的训斥，最终情绪崩溃哭了起来。

　　每个妈妈都希望孩子有良好的表现，却不知道孩子还小，根本无法有效地控制自己的言行举止。作为妈妈，不但要欣赏安静美好的孩子，也要接纳活泼好动的孩子，还要能够承担孩子不慎造成的后果。如果妈妈在西西最初摔碎果汁杯的时候就能以平静的情绪先安抚西西的情绪，那么妈妈自己也就不会情绪失控，更不会导致摔碎整套餐具。可以说，妈妈的坏情绪不但导致自己陷入崩溃之中，也使得西西陷入崩溃之中，可谓得不偿失。

　　好妈妈一定会知道，教育不能以暴制暴，尤其是孩子还小，缺乏人生经验，无法理性控制自己的言行举止，所以常常会做出失控的事情。每当这时，妈妈更要冷静，一切以孩子为先，然后再去处理孩子闯祸的后果，这是正确的做法。好妈妈还要知道，唯有妈妈情绪平稳，孩子才能性格平和，否则妈妈暴戾的情绪就会给孩子的性格烙上深深的印记，导致孩子在成长的过程中误入歧途，倍感艰难。

要学会及时疏导孩子愤怒的情绪

　　当孩子愤怒的时候，很多妈妈并不能保持理性，也无法积极地帮助孩子恢复情绪，反而会比孩子陷入更严重的歇斯底里之中。不得不说，妈妈这样的做法非但不利于解决问题，反而会让问题变得更加严重，也会使事态的发展完全超出妈妈的预想和控制。和成人相比，孩子更容易情绪冲动，尤其是在事发突然的时候，孩子很容易因为愤怒而失去控制，做出失去理性的事情。每当这时，妈妈一定要照顾好孩子。有些妈妈误以为所谓照顾孩子，就是照顾好孩子的吃喝拉撒、衣食住行，却不知道孩子的情绪和精神状态，是作为妈妈更需要关注的。

在心理学领域，愤怒是一种负面情绪。一个人不管是自身陷入愤怒之中，还是在一旁感受他人的愤怒，都会觉得极其不自在、不舒服。作为妈妈，总是理所当然地认为孩子应该听从妈妈的，也要无条件接受妈妈的指令，实际上，这是完全错误的。为了让孩子尽快停止哭闹，为了让自己不被孩子的愤怒情绪所感染，妈妈往往会要求孩子不要哭泣，殊不知，孩子此时此刻需要的是妈妈认可和接纳他们的感受，而不是把他们的感受强行终止。正是在妈妈试图让孩子"不要哭"的过程中，孩子会越来越愤怒。

明智的妈妈会先认可孩子的情绪，再帮助孩子疏导情绪，而不会一味地禁止孩子发泄情绪。情绪就像是流水，只有流动，才能疏通。而如果停留在某个地方不动，就会变成死水，也许还会滋生很多情绪的细菌。曾经有心理学家经过研究发现，很多孩子从小被父母压抑情绪，长大之后，他们的性格会扭曲变态，他们的情绪也有可能突然间爆发出来。从这个角度而言，妈妈要接纳孩子愤怒的情绪，并且告诉孩子愤怒的情绪是完全正常而又自然的情绪，关键在于我们每个人都要以正确的方式对待和消除这种情绪。这样一来，孩子就能够友好地面对愤怒，也能从容地体验和感受愤怒，还有可能在妈妈的引导下成功地消除愤怒。这才是解决问题的根本之道。

每天下班之后，妈妈都要经过菜市场买菜，然后回到家里急急忙忙做饭。因为下班之后的时间很紧张，菜市场里也没有特别新鲜的菜，所以周一到周五，家里的饮食都是相对简单的。这一天正好下大雨，妈妈想到菜市场里根本无菜可买，为此决定回家下面条吃。

豆豆写完作业，看到餐桌上只有面条和榨菜，不由得气鼓鼓的，挑衅地问妈妈："今晚就吃这个吗？"妈妈听出来豆豆的语气有异常，也有些不高兴，直接反驳："怎么了，不能吃吗？"豆豆转身回到卧室，喊道："我不饿，不吃了。"爸爸看到豆豆的样子，建议妈妈做方便面给豆豆吃，被妈妈拒绝了。

妈妈走进豆豆的卧室，说："豆豆，挂面很难吃，对不对？"豆豆点点头，委屈地说："我中午在学校就没吃好，你还不给我做点儿好吃的。"妈妈说："的确，我们中午都没吃好，也想吃点儿好吃的。不过今天下大雨，所以菜市场里的菜都卖光了，妈妈就没有买到新鲜的菜。原本，妈妈是想买馒头回家吃的，但想到你不爱吃馒头，这才煮了面条。等到周末，妈妈给你做好吃的，今天咱们全家人就同甘共苦，一起吃挂面，好吗？"豆豆很纳闷："同甘共苦？""是啊，同甘共苦就是一起享福，一起吃苦。虽然挂面不好吃，其实也算不上吃苦，因为小时候妈妈连挂面都吃不饱呢！你愿意和妈妈一起忆苦思甜，回想起小时候吃挂面的美味吗？"豆豆这才破涕为笑。

如果按照爸爸的建议，去给豆豆做他爱吃的方便面，那么豆豆感受到愤怒的力量，也许以后会经常表达愤怒，要挟父母向着自己妥协。妈妈虽然也很生气，认为豆豆不应该嫌弃挂面不好吃，但是转念一想，孩子肯定都是愿意吃美味的饭菜，也就理解了豆豆的情绪。在认可豆豆的情绪之后，妈妈才能与豆豆进行沟通，也消除了豆豆的情绪，引导豆豆高兴地吃挂面。

每个新生命从一出生开始，就产生了情绪，而且在出生之后的时间里，孩子的情绪发展迅速。越成长，孩子的情绪问题越敏感，孩子也就会表现出更多复杂的情绪。实际上，孩子在1岁之前，如果生理需求得不到满足，就会用情绪表达出来。但是在1岁之后，孩子越来越聪明，也就开始学着以情绪来操控妈妈。所以妈妈要注意，在孩子愤怒的时候保持理智，这样才能想出正确的方法应对孩子的负面情绪。尤其需要注意的是，不要随随便便就向孩子妥协，特别是在孩子情绪爆发的时候，妈妈更要坚持原则。否则，聪明的孩子一定会见风使舵，在意识到情绪的作用之后，更加积极地运用情绪。需要注意的是，妈妈要想引导孩子的情绪，就要敏感觉察孩子的情绪，这样才能及时疏导孩子的情绪。否则，孩子的情绪问题日益严重，也会给孩子的成长带来负面作用和影响。

顽皮是孩子的天性

和几十年前家家户户都有少则三四个，多则七八个，甚至十几个孩子相比，如今大多数家庭都只有一个孩子，只有极少数家庭有两个孩子，而要三个孩子的家庭更是凤毛麟角。孩子的稀缺，使父母和长辈对于孩子的成长过分关注，也常常会给孩子更多的限制和要求。尤其是当孩子调皮的时候，父母因为担心孩子有磕碰，总是禁止孩子动来动去。殊不知，顽皮是孩子的天性，如果把孩子禁锢在无形的笼子里生长，不但会扼杀孩子的天性，还会导致孩子各个方面能力的发展都受到影响，可谓得不偿失。

在活泼好动的过程中，孩子的创造力得以发展，孩子做事情的自觉性也越来越强。其实，只要孩子不做出过分出格的举动，就不要过多地限制孩子，孩子就能够发挥天性。而很多父母都以"听话"为标准要求孩子，却不知道听话的孩子没有主见，在成长的过程中往往没有什么出息。正因为如此，民间才有"淘小子出好的，淘闺女出巧的"说法，意思是说越调皮捣蛋的孩子越聪明，将来也有出息。虽然这话说得很粗糙，看起来也与儿童的相关理论知识不沾边，但却一语道破天机，告诉我们孩子的顽皮是一种天性，也是一种成长，更是一种探索生命秘密、扩大生命张力的方式。

特特是个特别顽皮的孩子，简直是班级里的调皮捣蛋大王，为此妈妈三天两头就会因为特特犯错而被老师叫到学校去。这不，妈妈在单位刚刚吃完午饭，又接到了老师的电话。妈妈沮丧地问："老师，特特又怎么了？"原本，妈妈以为特特又是砸碎玻璃、与同学吵架等事情，没想到，老师说："我真是服了你家特特了，当老板了，在班级里开了个小卖部，导致中午教室里乱成一锅粥。就这样，我说他几句，他还与我顶嘴呢！"

妈妈听说特特当"老板"了，简直要气疯了，当即给爸爸打电话："你快去学校吧，你儿子出息了，在学校里当老板，扰乱课堂秩序，根本不把老师放在眼里。"爸爸听到妈妈的话不由得啼笑皆非，说："这小子，还挺有经济头脑嘛！"妈妈气得直哼哼："是有经济头脑，但是如果因为调皮捣蛋被劝退，连卖菜的机会都没有了——没文化怎么做生意啊？！"爸爸第一时间赶到学校向老师道歉，又和特特进行一番深谈。爸爸对特特说："特特，其实爸爸并不反对你有这样的经济头脑。不过呢，你现在还小，学校里是不允许小学生做生意的。"特特问爸爸："爸爸，那我什么时候可以做生意呢？初中可以吗？"爸爸摇摇头，说："大学的时候才可以。因为在大学之前，都是以学习为主，而且你们也没有到18岁。只有上大学，到了18岁，才可以做生意。"在解答完特特的疑问之后，爸爸对特特说："好啦，老师为此很生气，不过爸爸觉得你是因为不知道学校的规定，才不小心违反的。现在你知道学校的规定了，就遵守规定，好吗？"特特点点头。

妈妈心中一件很糟糕的调皮事件，在爸爸的"轻描淡写"之下，得以圆满解决。如果爸爸和妈妈一样情绪激动，劈头盖脸数落特特，那么特特非但不知道自己到底犯了什么错，反而还会因为逆反心理，导致变本加厉。

作为妈妈，一定要弄清楚批评孩子的目的是什么，而不要本末倒置。批评最重要的不是批评本身，而是批评的效果。妈妈在批评孩子之前一定要确定自己的目的，然后还要讲究批评的方式方法与艺术，从而才能有的放矢地批评孩子，给予孩子更好的教育和引导。对于孩子故意犯的错误，妈妈可以严厉批评孩子，而如果孩子是因为天性，导致无法把每件事情都做得恰到好处，妈妈应该宽容和理解孩子，这样才能最大限度地保护孩子的天性，激发孩子成长的动力。

作为妈妈，千万不要给孩子贴上调皮捣蛋的标签，更不要总是对孩子的正常调皮行为过分强调或者试图纠正。孩子是否调皮，并不能作为界定孩子是不是好孩子的标准。父母不但要接受和喜爱遵守规矩的孩子，也要能够包容喜欢闯祸的孩子。毕竟金无足赤，人无完人，既然父母对于孩子不是最完美的父母，那么孩子不完美也是正常的。在发现孩子调皮捣蛋的时候，还需要注意的是，千万不要过分约束孩子。很多父母只看到孩子的顽劣，却丝毫没有看到孩子在顽劣背后隐藏的心理原因。常言道，哪里有压迫，哪里就有反抗。当父母过分约束孩子，或者以不正确的方式教育孩子，就会激发起孩子的逆反心理，导致孩子的顽皮行为愈演愈烈。还有些孩子之所以天天调皮捣蛋，是因为精力过剩。若孩子每天都有多余的精力无处发泄，他们当然会想办法消耗精力。对于这种情况的孩子，妈妈也可以带着孩子多玩，让孩子玩得尽兴，孩子才能动若狡兔，静若处子。总而言之，对于孩子的顽皮，妈妈一定要摆正心态，不要过度重视，过分约束，也不要完全放纵，而是要以恰当的方式引导孩子，帮助孩子渐渐地学会自我管理，提升自律能力。

帮助孩子消除负面情绪

常言道，人生不如意十之八九，因而每个人在生命的过程中都会遇到各种各样的不如意，也会遭遇形形色色的烦恼。通常情况下，作为妈妈，总觉得自己承受着巨大的生活压力，不但要把工作做到位，而且还要照顾好家庭、教养好孩子。在这种情况下，妈妈很容易怨声载道，也会不知不觉间就在孩子面前表现出负面情绪和想法。与此同时，妈妈无形中就忽略了孩子的想法，也会在潜移默化中影响孩子，导致孩子的情绪也低落消沉。

正如人们常说的，妈妈的情绪会影响孩子一生。妈妈在教养孩子的过程中，一定要保持好情绪，才能最大限度给予孩子积极有效的指引。妈妈还要针对孩子的负面情绪，帮助孩子进行疏导，从而才能保证孩子健康快乐地成长。不可否认的是，每个人在人生之中都会产生负面情绪，也都需要面对负面情绪。如果妈妈能从孩子小时候，就有意识地引导孩子正确对待负面情绪，则孩子会更容易感受到快乐，对待人生的态度也会更加积极。

正值暑假，特特家里来了客人，是特特在农村的小表弟。表弟趁着放暑假的机会来城里生活，可以开阔眼界，还可以和特特一起玩呢。刚开始时，特特非常欢迎表弟，见到表弟来了也很兴奋。但是随着相处的时间越来越长，特特对表弟的意见越来越大。原来，特特在家里本来是占据所有资源的，但随着表弟的到来，他不得不和表弟一起分享很多玩具、美食。有的时候，表弟反客为主，还与特特争夺玩具呢！

有一天，特特过生日，要举行生日派对，小表弟高兴极了，蹦蹦跳跳："太好了，我还没有参加过生日派对呢！"生日当天，特特收到了很多玩具，特特最喜欢其中的变形金刚玩具。当然，表弟也很喜欢。为此，表弟和特特争抢着玩这个玩具。特特坚决不愿意让着表弟，表弟又坚持要玩，最终，他们打了起来。妈妈看到事态升级，赶紧过来安抚特特："特特，你是小主人，要让着弟弟啊。况且，弟弟玩一下玩具又不会玩坏了，你不要那么小气。"特特委屈极了："我小气吗？我小气吗？他吃我的东西，穿我的衣服，玩我的玩具，但这是我的生日礼物，我自己还没玩呢！"表弟也哭泣得很伤心："哥哥，我就是玩一下而已。"看到表弟伤心的样子，妈妈又觉得表弟独自在外做客，也很可怜。最终，妈妈把玩具没收，谁也不让玩，让特特和表弟商量出一个解决的方案。特特生气极了，对着妈妈大吼大叫。

爸爸回家之后，听完妈妈的讲述，告诉妈妈不要过度委屈特特，又自告奋勇要去给特特做思想工作。爸爸问特特："特特，我能理解你的感受，你很委屈，对不对？"特特听到爸爸这句话，眼泪当即流下来，爸爸继续对特特说："不过，特特，每个人在生命的历程中都有可能受到委屈。就像爸爸今天，也受委屈了。"特特一听，当即和爸爸沟通。这才知道爸爸做好的项目，却被同事抢了功劳。特特问爸爸："那你怎么办呢？"爸爸说："只有两种办法。一种是因为生气而辞职，重新找工作；还有一种就是接受这件事情，继续加倍努力，等到有一天成为公司里举足轻重的人，就没有人敢这么对我了。"看着爸爸坚毅的眼神，特特说："但是，爸爸不是很委屈吗？"爸爸笑起来，说："其实，每个人都会受到委屈，如果一直觉得自己委屈，委屈就会更加严重地伤害我们。如果自己能想得开，不委屈，委屈就对我们无可奈何了。"爸爸又语重心长地对特特说："特特，其实玩具和表弟一起玩也没有关系，虽然你不能独享玩具，但是却得到了分享的乐趣，让快乐翻倍，对不对？"特特若有所思，点点头。爸爸说："如果你继续坚持不和表弟一起玩，爸爸不会勉强你。如果你愿意享受双倍的快乐，爸爸很高兴看到你带着玩具去找表弟，好吗？"说完，爸爸离开特特的房间，留给特特独处的空间。果然，大概一个小时之后，特特拿着玩具走出卧室，来到客厅里，主动邀请表弟一起玩玩具。

爸爸对特特的情绪首先表示认可，就已经肯定了特特的情绪，也有效地帮助特特舒缓了情绪。接下来，爸爸以自己的亲身经历来给特特做思想工作，又以尊重特特的选择为结束，赢得特特的信赖。实际上，接纳孩子的情绪，并不意味着一味地退让，无原则地满足和迁就孩子，而是要创造合适的时机，给予孩子更多的引导。对于孩子而言，当情绪冲动的时候，他们会主动地寻找一些方式来发泄情绪。如果方式不恰当，孩子也许会受

到伤害。而当方式恰当，则孩子的情绪就能得以释放。

除了哭泣之外，妈妈可以带着孩子做运动，让孩子在挥汗如雨之中恢复好情绪，也可以给孩子独立的空间让孩子大喊大叫，帮助孩子宣泄情绪。当肢体的动作越来娴熟，让孩子挥汗如雨，孩子才能发泄内心的压力，也才能越来越乐观开朗，恢复好情绪。

宰相肚里能撑船

现在的孩子从小习惯了接受父母无微不至的照顾，也不知不觉间误以为自己就是宇宙的中心，所以他们非常任性，做什么事情都从自己的角度出发和考虑，而丝毫不顾及他人的感受，更不会宽容待人。曾经有一家机构对中小学生展开调查，问中小学生是否会原谅伤害过自己的人。结果显示，有将近一半的孩子表示会原谅，但是不会忘记他人的伤害，有大概25%的学生表示绝对不能原谅，只有大概30%的学生表示会原谅。这个数字是很让人震惊的，这就意味着大多数孩子会带着伤痕度过一生。

常言道，宽容他人，就是宽宥自己。每个人唯有真正怀着宽容之心，才能最大限度打开心扉与他人交流，也才能让自己更加积极主动地面对人生的苦与乐。作为妈妈，不但要以宽容之心对待孩子，也要教会孩子对人宽容。宽容是做人的优秀品质，宽容是一种弥足珍贵的感情，宽容是保证孩子身心健康成长的基本条件，宽容也是人际交往能力的重要体现之一。在这个世界上，每个人都需要宽容，才能让自己生活得简单快乐，也才能与人建立良好的人际关系。一个人要想得到他人的尊重，首先要尊重他人。一个人要想得到他人的宽容，也同样要宽容他人。

作为妈妈，一定要调整好情绪，宽容孩子，才能让孩子对这个世界也充满宽容。否则，孩子就会和妈妈一样声色俱厉，就会对他人表现得冷漠无情，可想而知这对于孩子的成长是极其不利的。孩子长大成人之后，总是要面对这个纷繁复杂的社会，也要学会在人群之中生存，掌握与人打交道的技巧。而孩子未来面对这个世界的方式，很大程度上受到妈妈的影响。妈妈怎样对待孩子，从某种程度上决定了孩子怎样对待妈妈。仅仅从孩子成长的角度而言，拥有宽容之心的孩子也性情温和，能够受到他人的喜爱和拥护，尤其是能够最大限度发挥主观能动性，积极地、充满热情地拥抱这个世界。

妈妈带着小梦去度假村里度假，在游泳的时候，妈妈把孩子交给度假村里工作的女孩带去网球场玩耍。然而，等到妈妈游完泳，却发现女孩正在大厅里工作，因而赶紧询问女孩："我家小梦呢？"女孩一拍脑门，脸色煞白，结结巴巴地对妈妈说："阿姨，不好意思，我可能把小梦丢在网球场了。"说完，女孩就撒开脚丫子朝着网球场跑过去。妈妈心急如焚，在奔向网球场的路上设想了各种糟糕的结果，简直觉得要崩溃了。距离网球场还有一段距离呢，妈妈就听到小梦撕心裂肺的哭声。

妈妈赶紧冲过去，等到女孩把门打开，一把就把小梦抱在怀里。看着受到惊吓、哭泣不止的小梦，妈妈没有责备女孩，而是对小梦说："小梦，你看看这个姐姐，她找不到你都快急疯了。你亲她一下好不好，安慰安慰她，不然她连饭都吃不下去了呢！"小梦听到妈妈的话，赶紧亲吻女孩的脸颊，说："姐姐，我没事了，放心吧。"女孩感激地看着妈妈，连声感谢。

　　在小梦心中，被丢下的那段时间里，她一定感到非常焦虑紧张和恐惧。换作其他妈妈，也许会狠狠地训斥在那儿工作的女孩，但是妈妈没有，而是给小梦做出宽容的最好榜样，要求小梦去亲吻女孩，安抚女孩紧张不安的心情。相信小梦在妈妈的教导下，一定会更多地为他人考虑，也会对他人更加宽容，更多理解。

　　孩子要有好心态，才能积极友善地对待这个世界，对待身边的每个人。作为妈妈，既要宽容地对待孩子，也要宽容地对待他人，才能以身示范，给孩子树立积极的榜样，让孩子感受到宽容的魅力和力量。这样的教育才是事半功倍的。

参考文献

[1] 吴海溪.10~16岁叛逆期，千万别和青春期的孩子较劲[M].北京：朝华出版社，2010.

[2] 谈旭.妈妈的情绪，决定孩子的未来[M].北京：中央编译出版社，2016.

[3] 鲁鹏程.妈妈情绪平和，孩子幸福一生[M].北京：北京理工大学出版社，2018.

[4]李绍聪.妈妈不生气，孩子更争气[M].北京：中华工商联合出版社，2014.